LETTERS

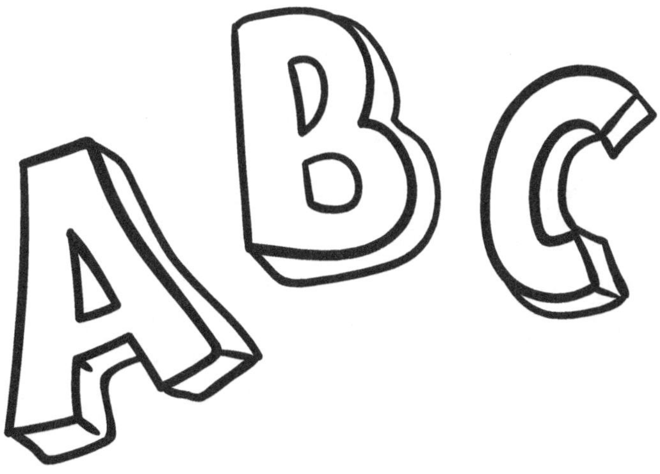

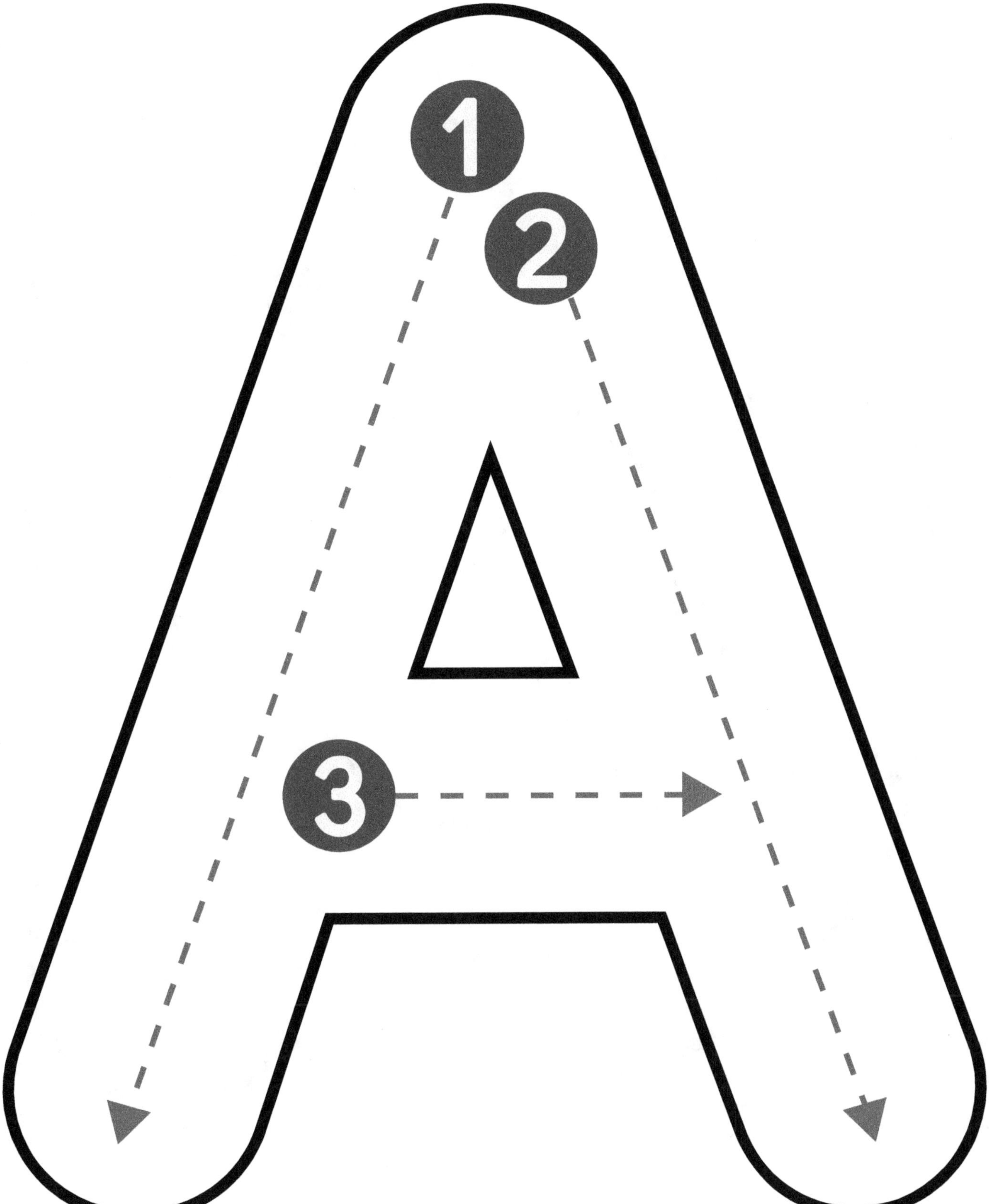

1
2
3

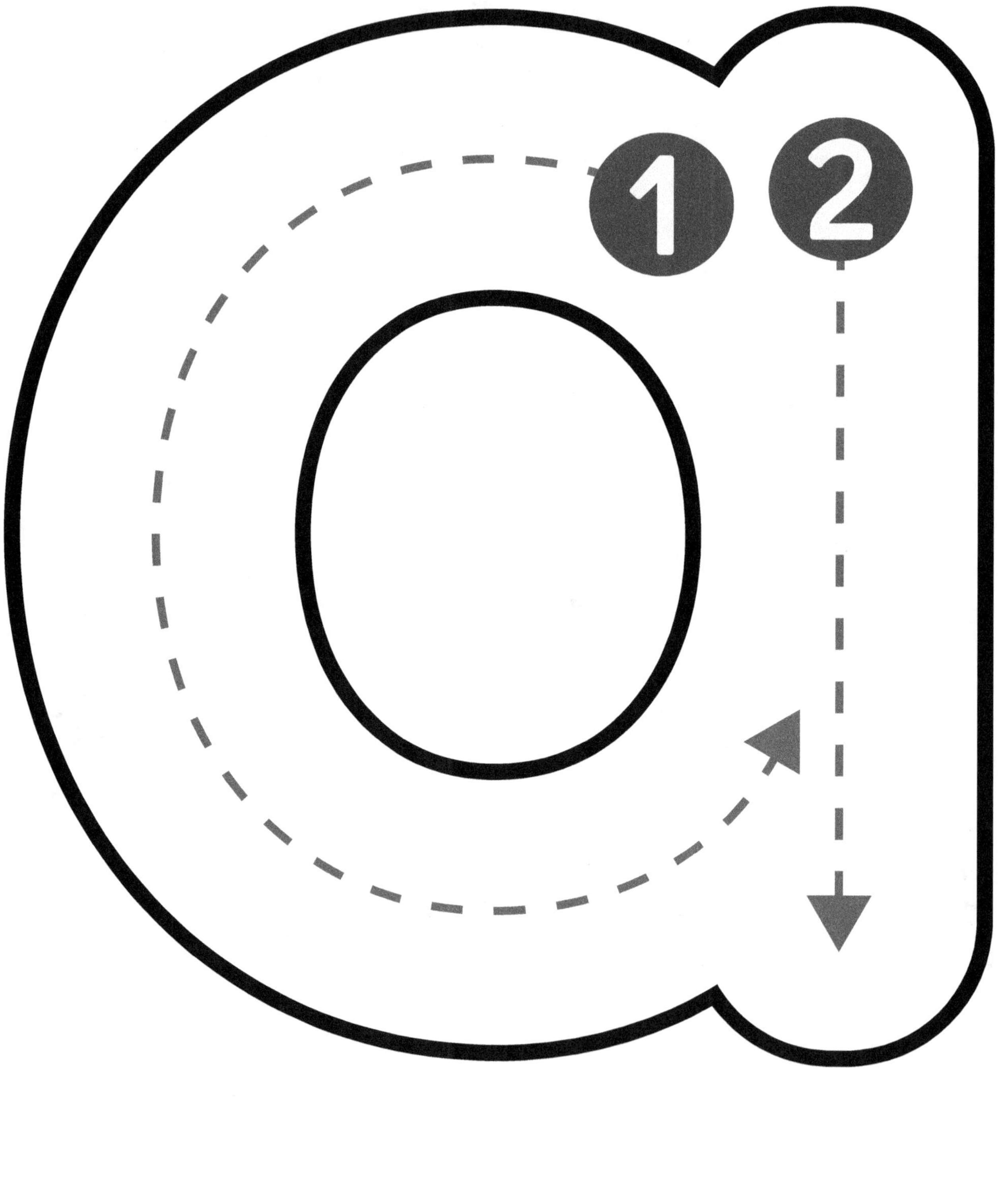
1
2

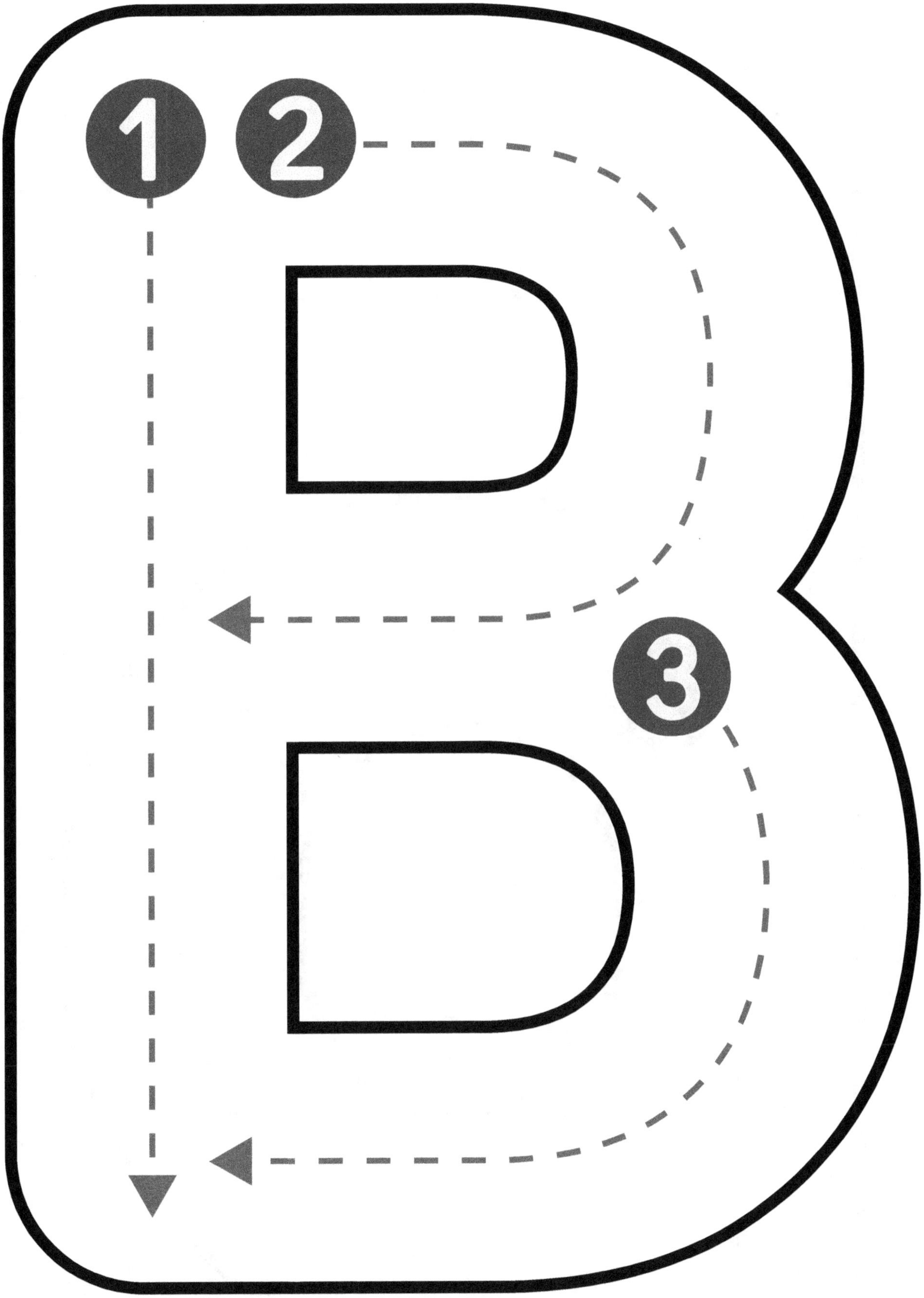
1
2
3

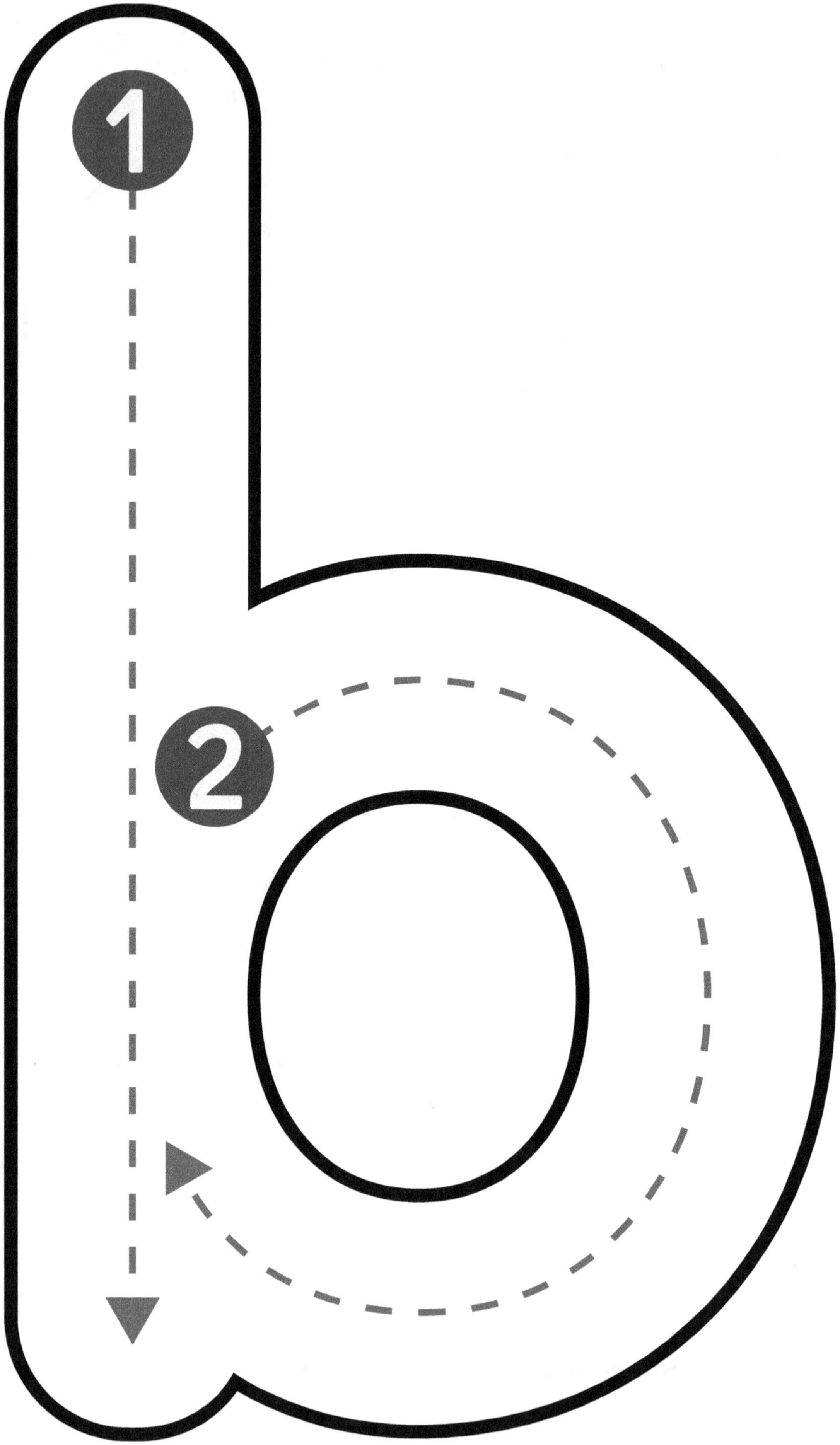
1
2

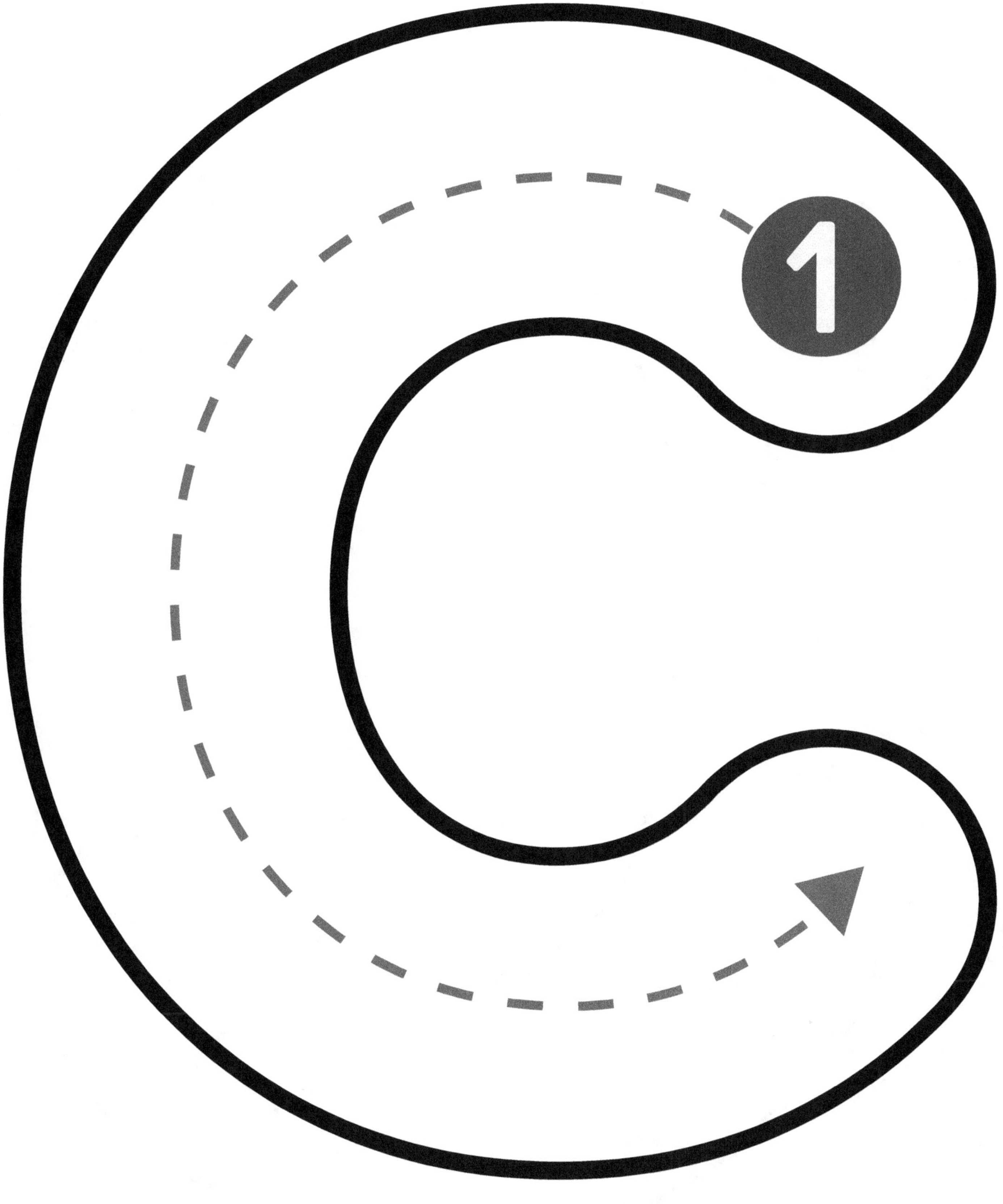
1

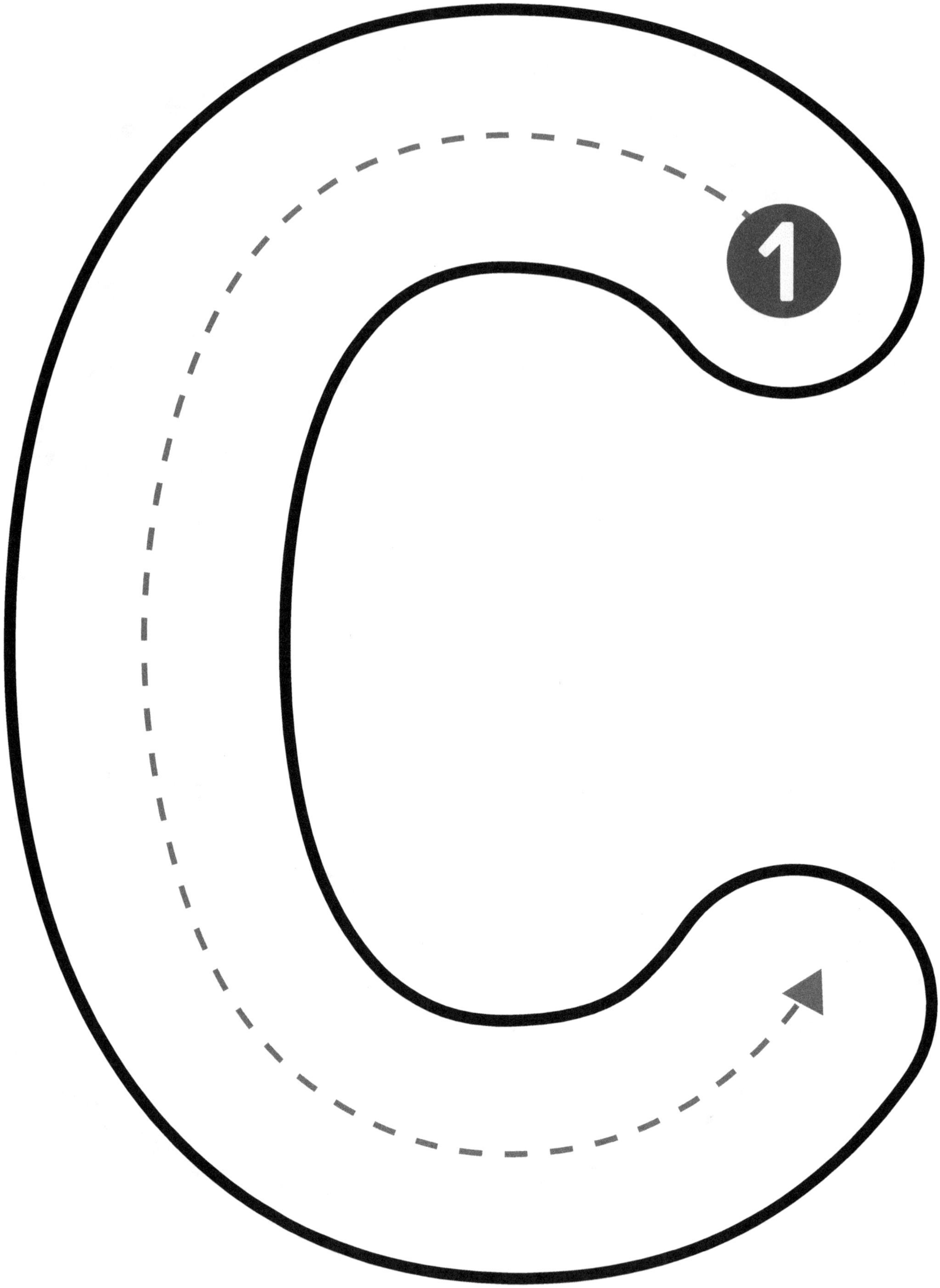
1

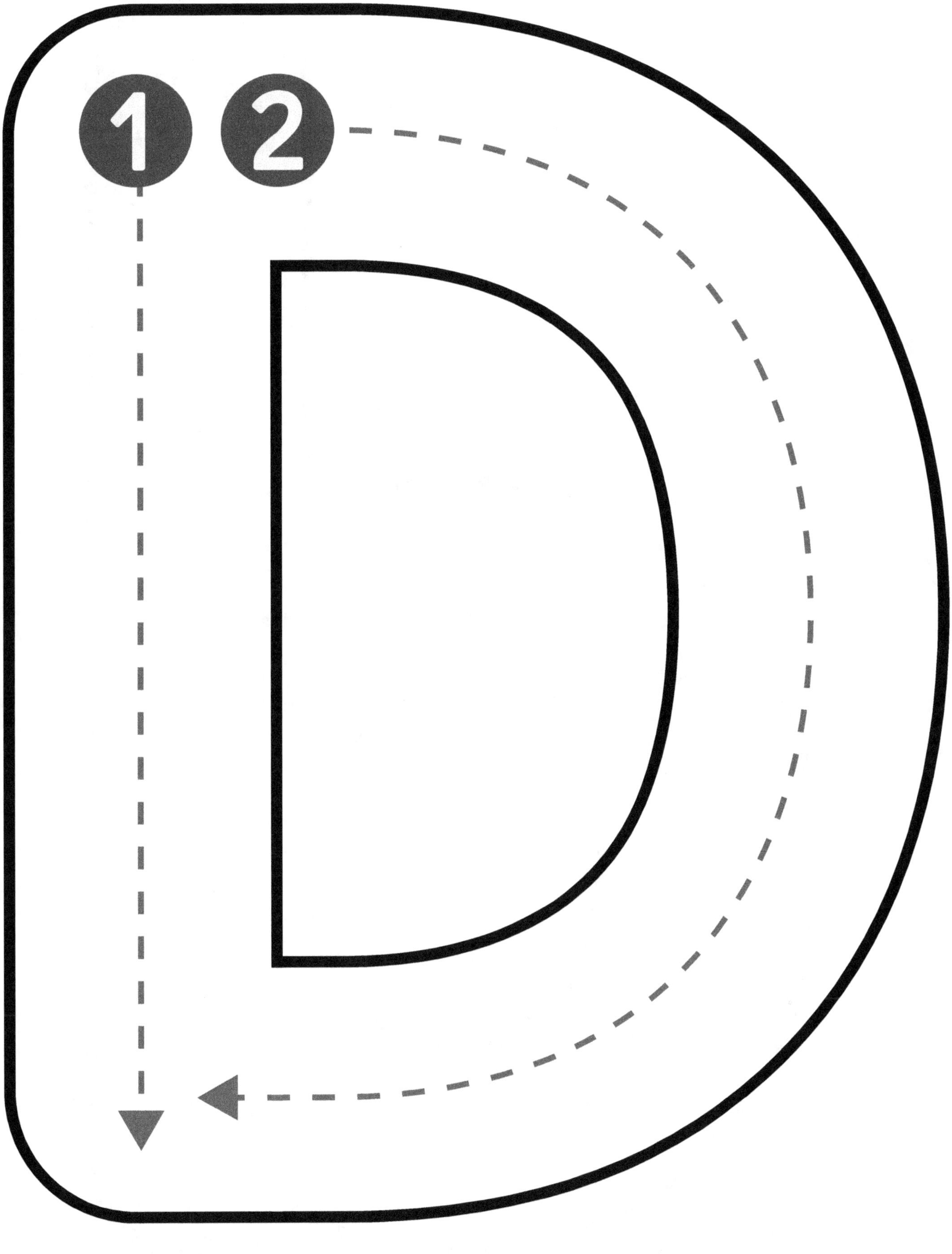
1
2

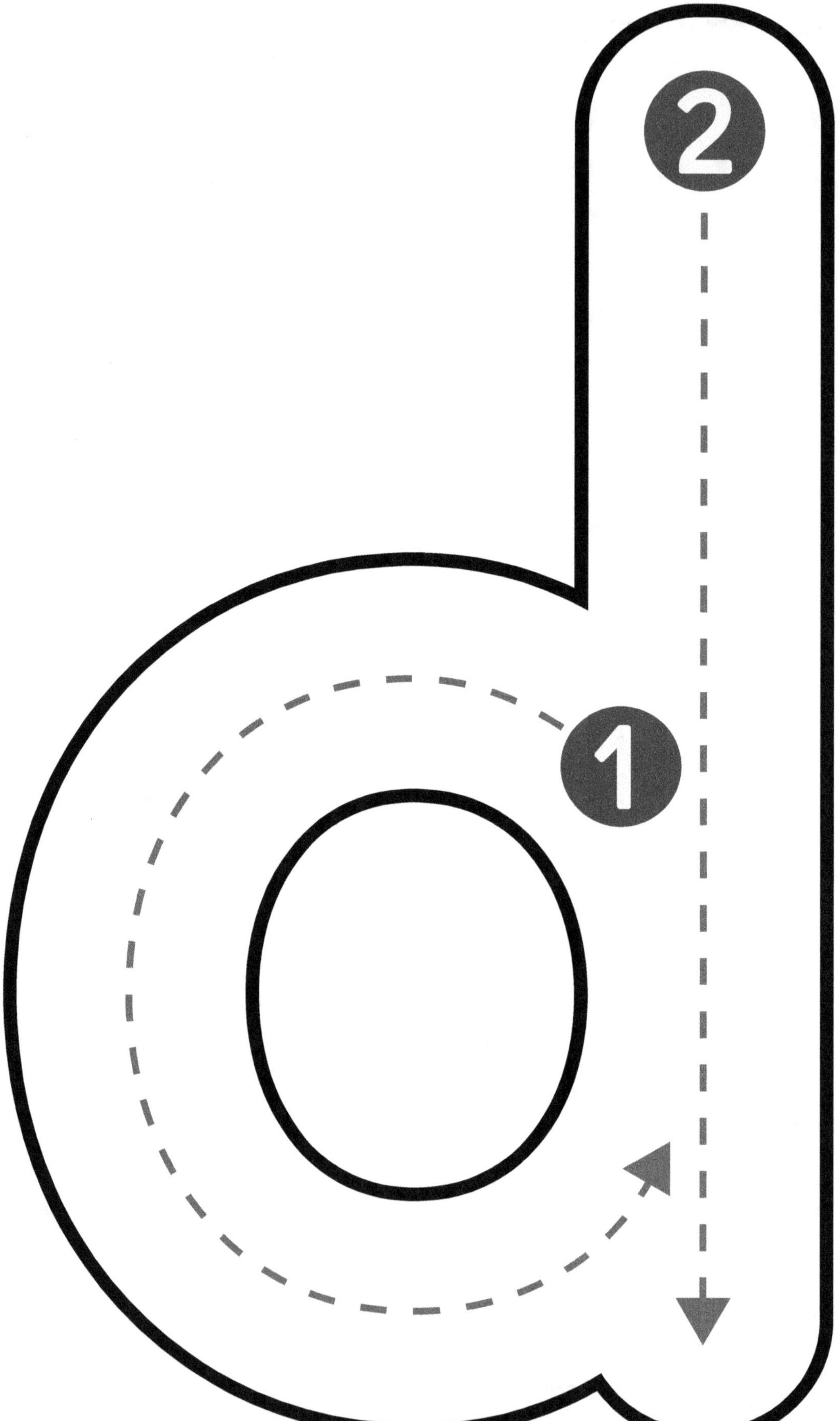

2
1

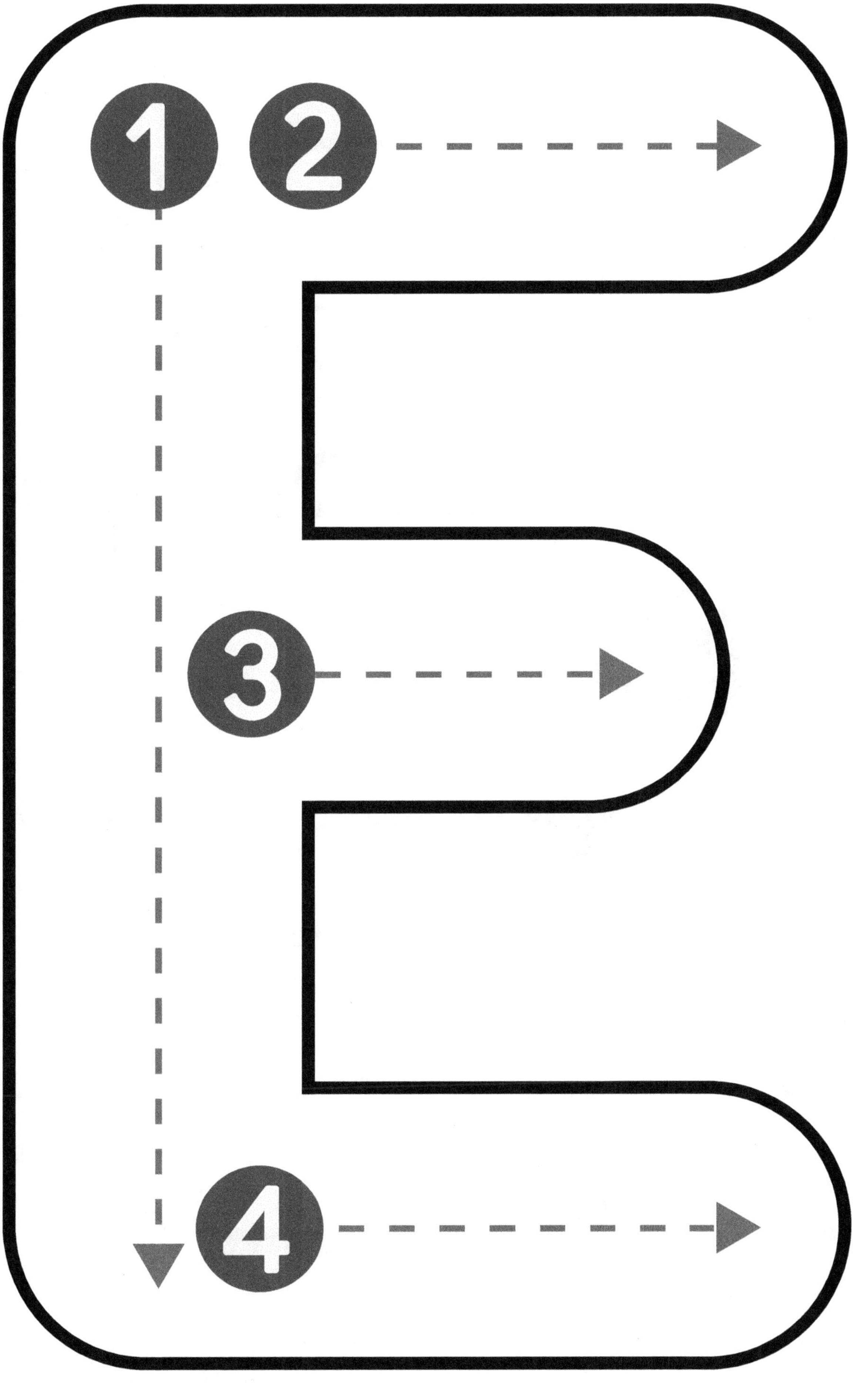
1
2
3
4

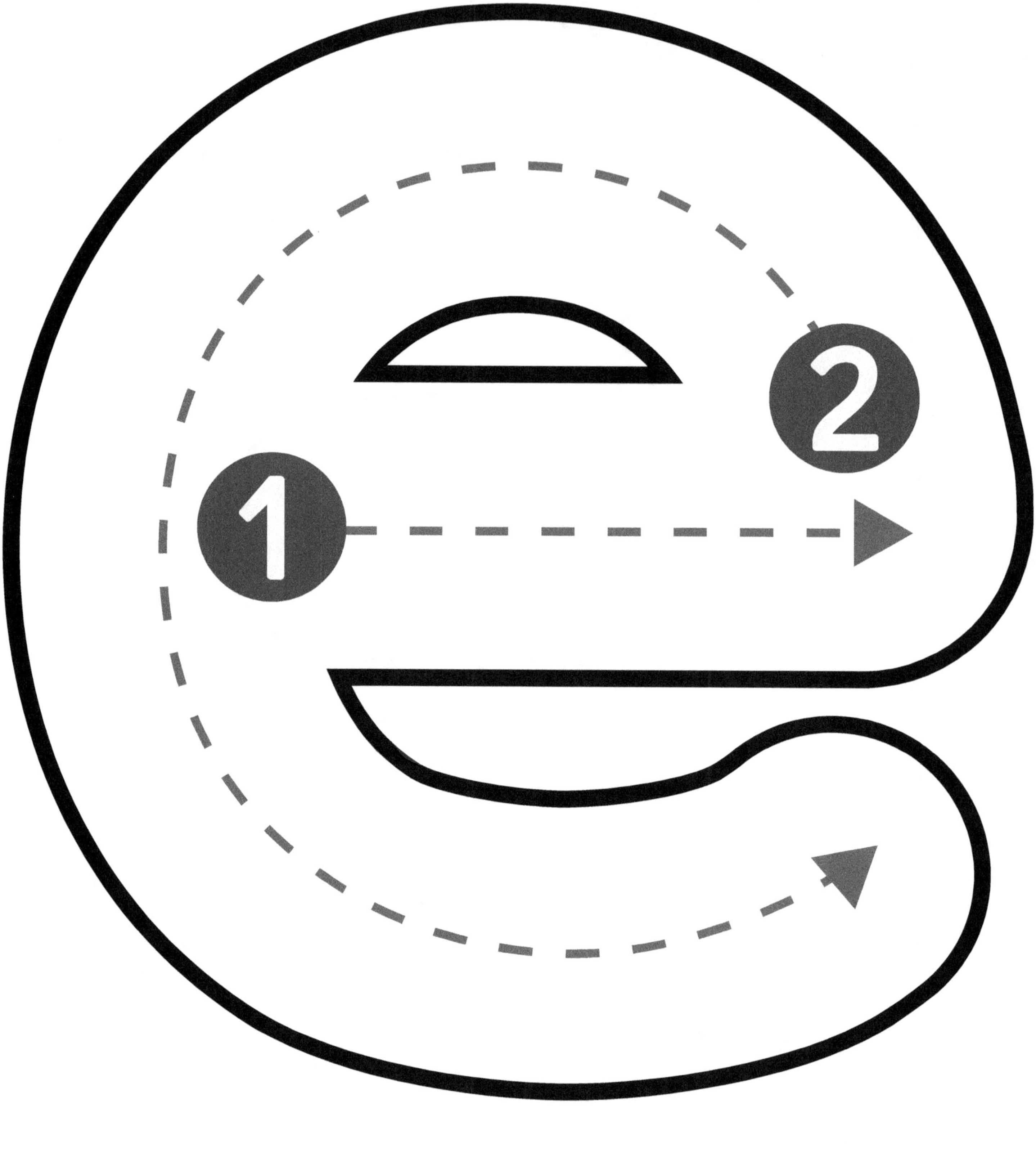
1
2

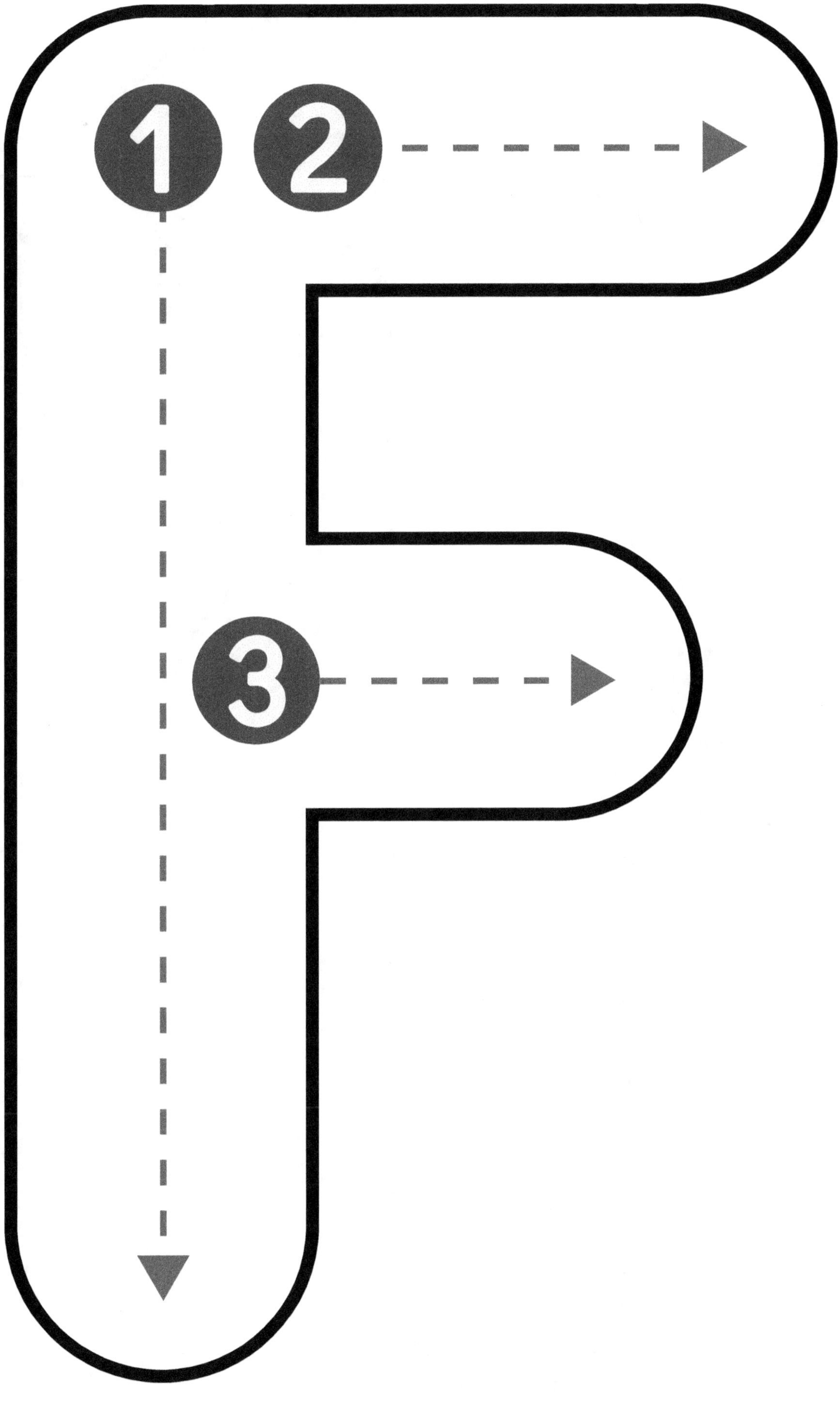
1
2
3

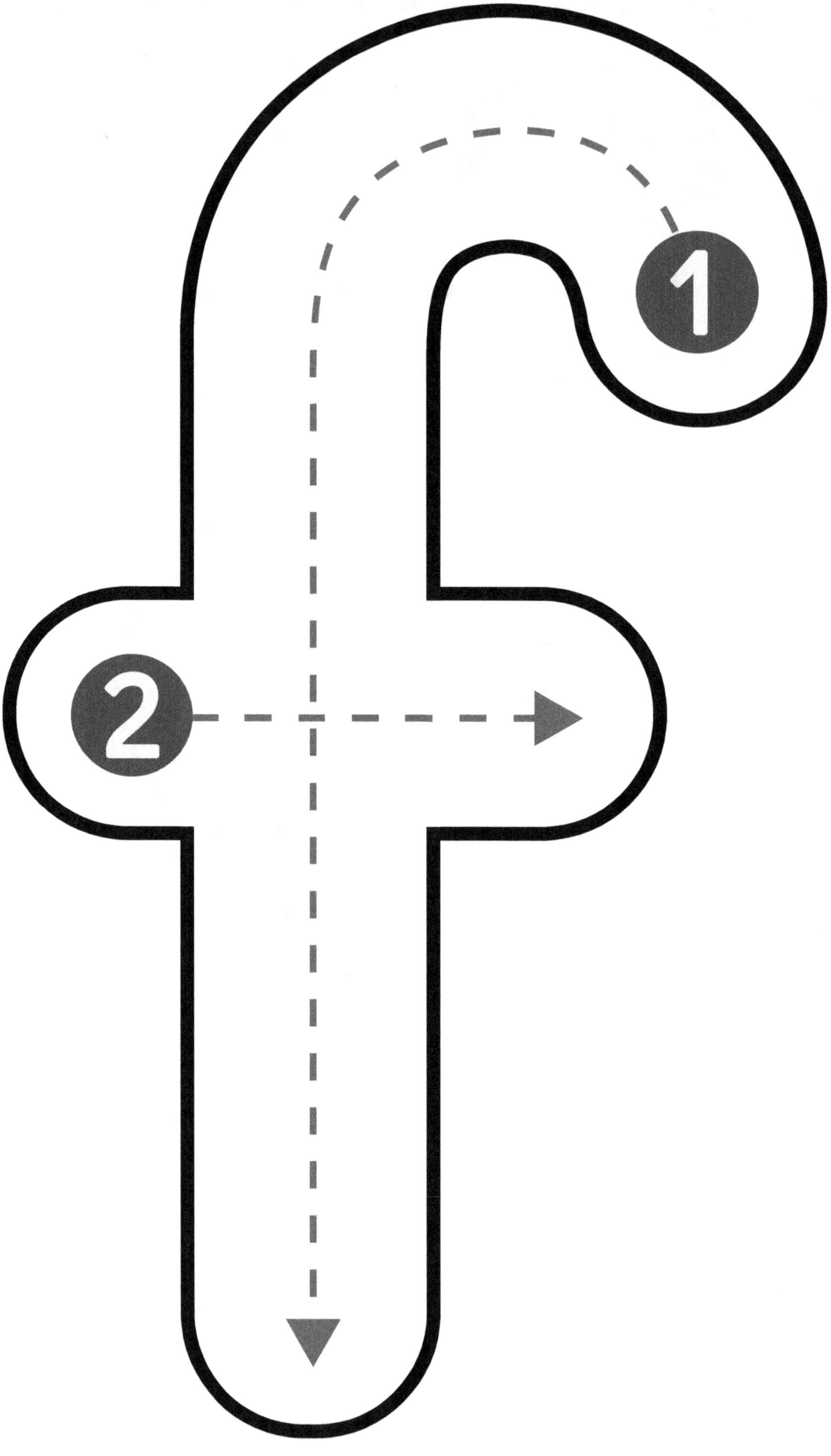

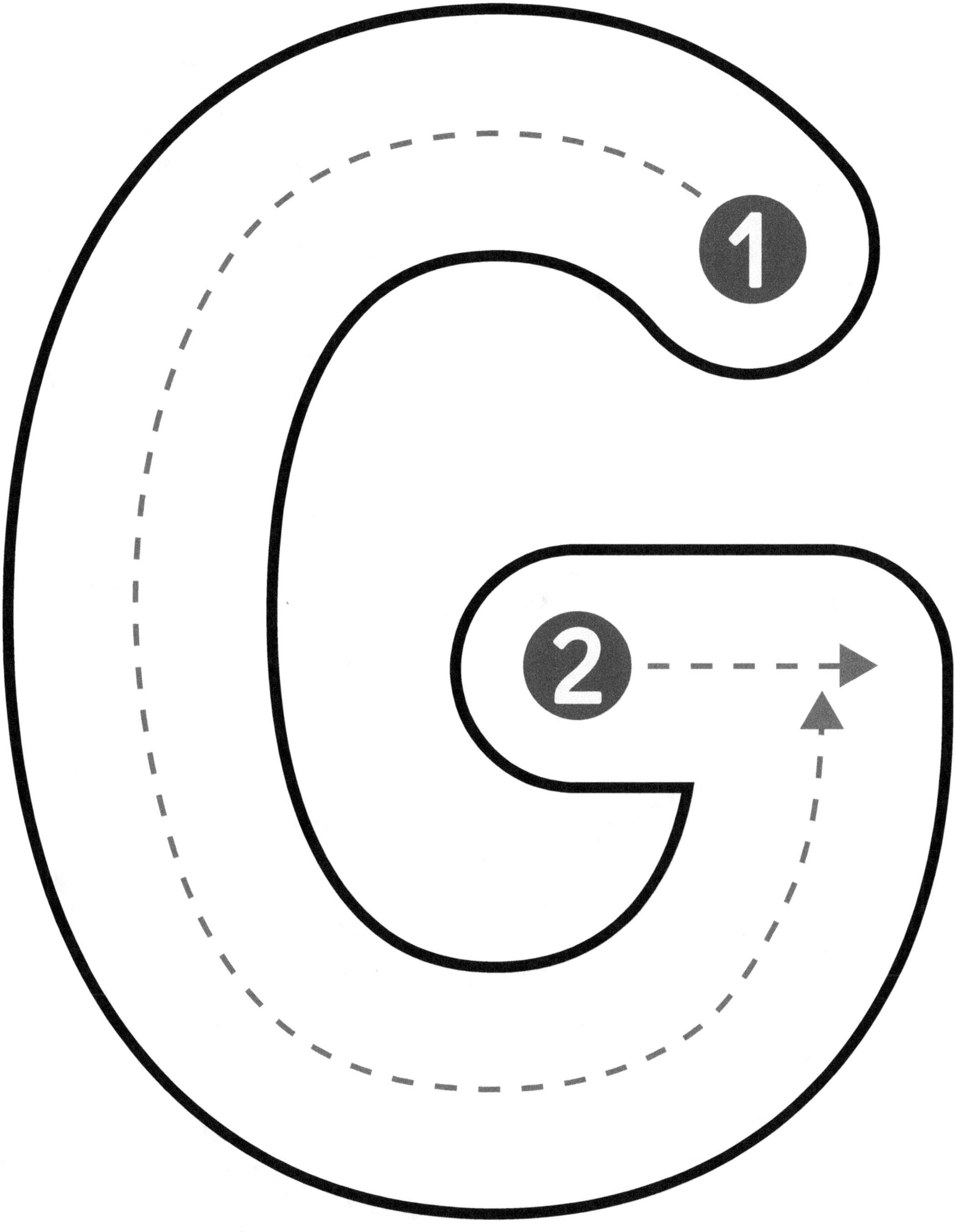
1
2

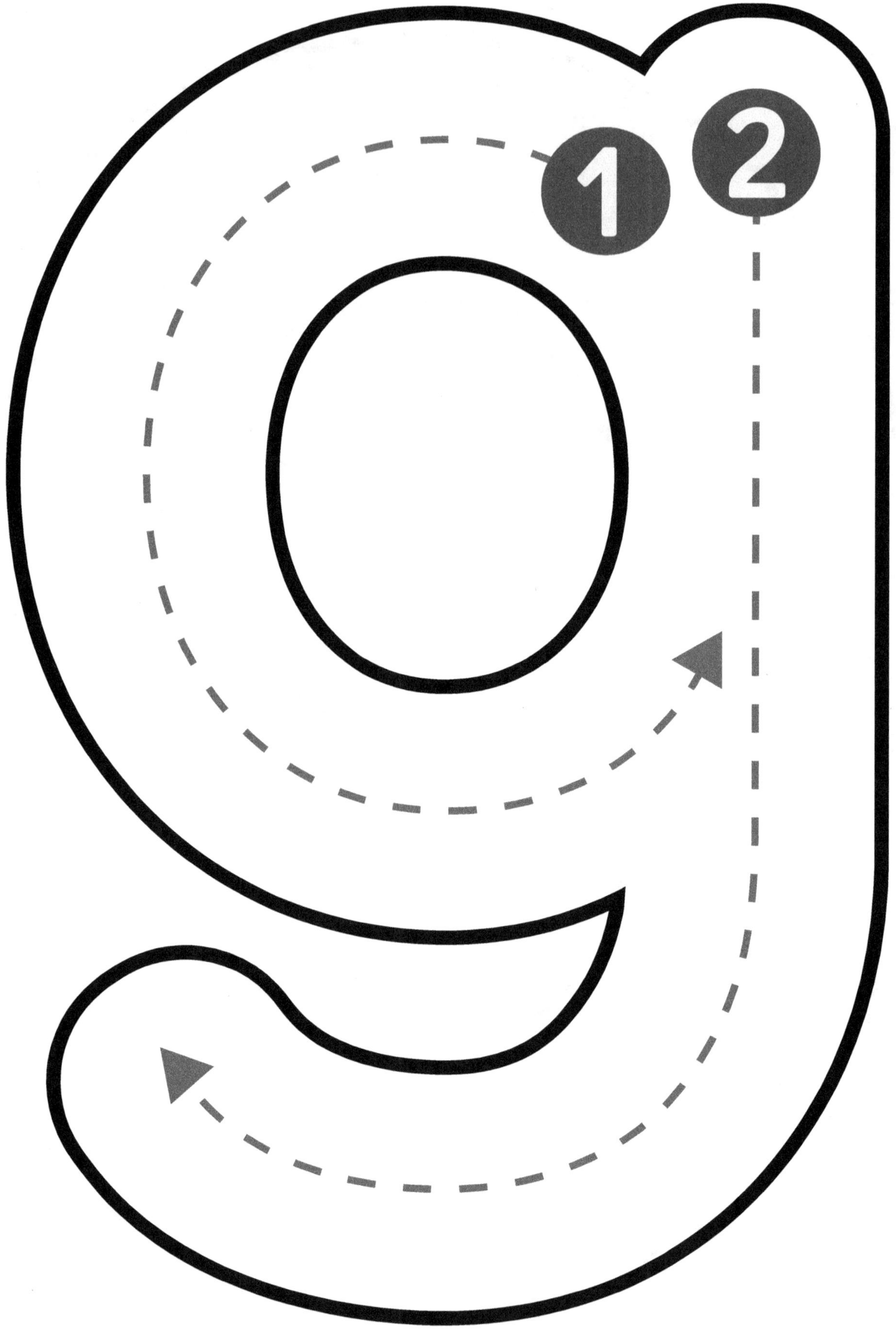
1
2

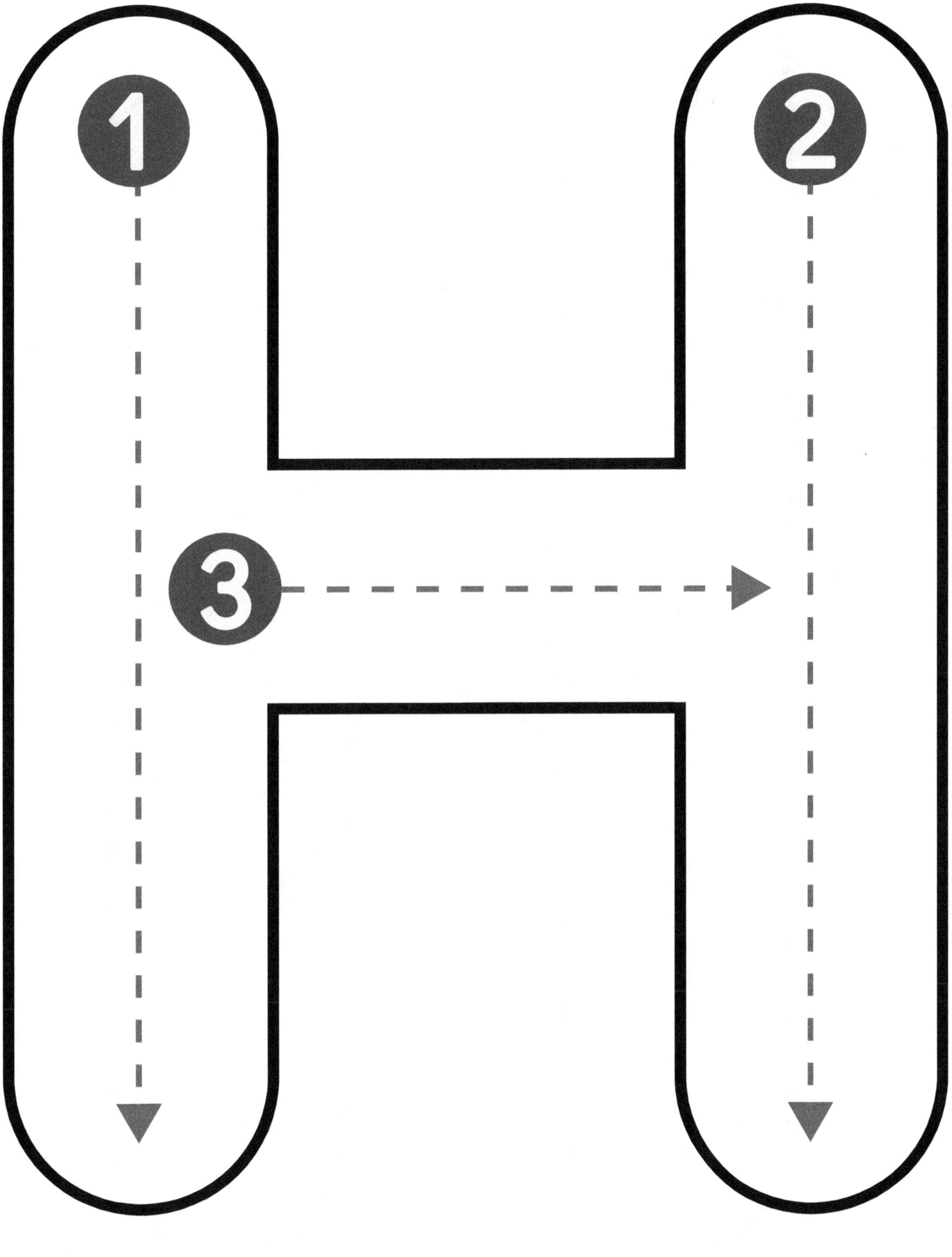
1
2
3

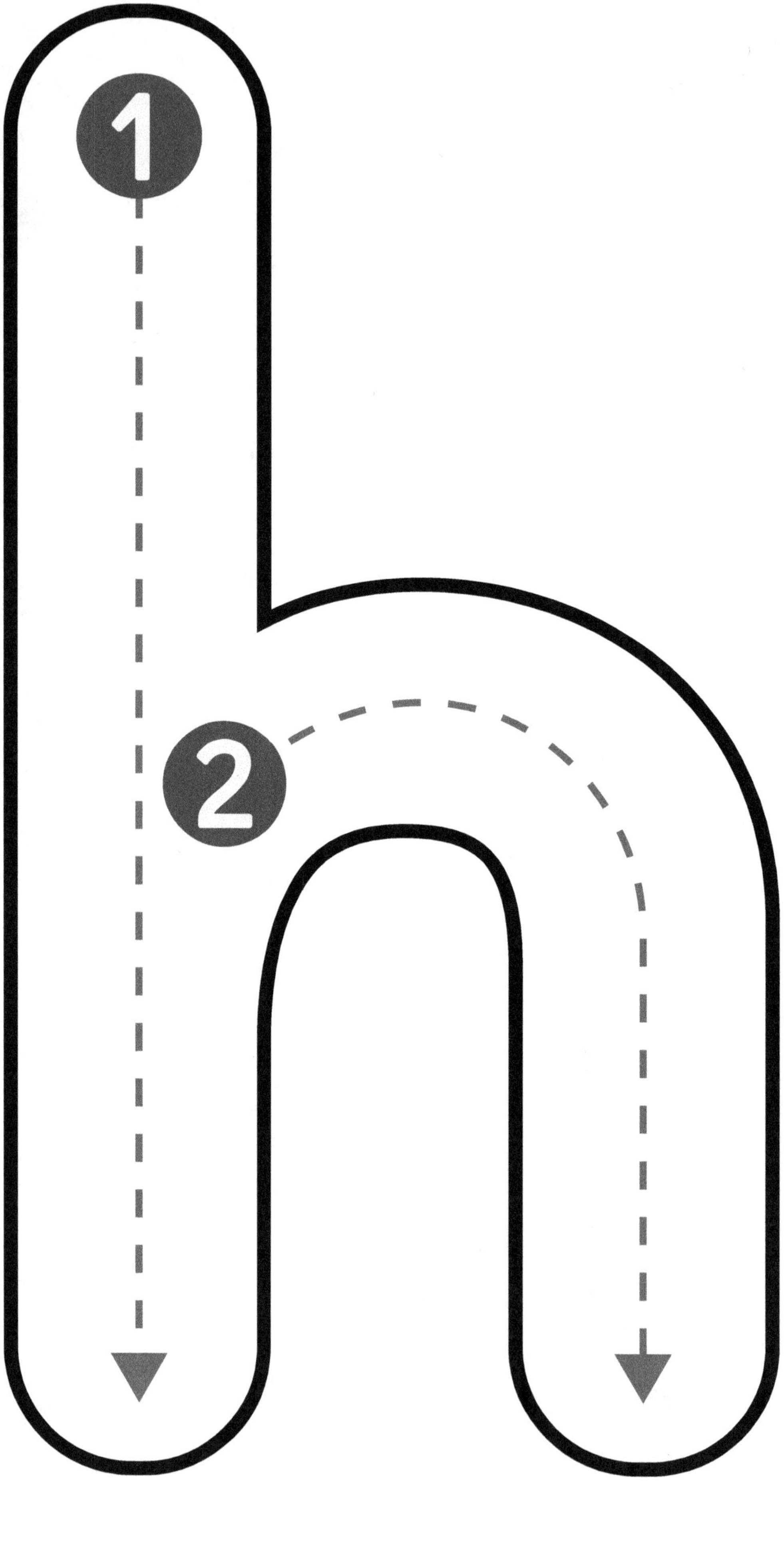
1
2

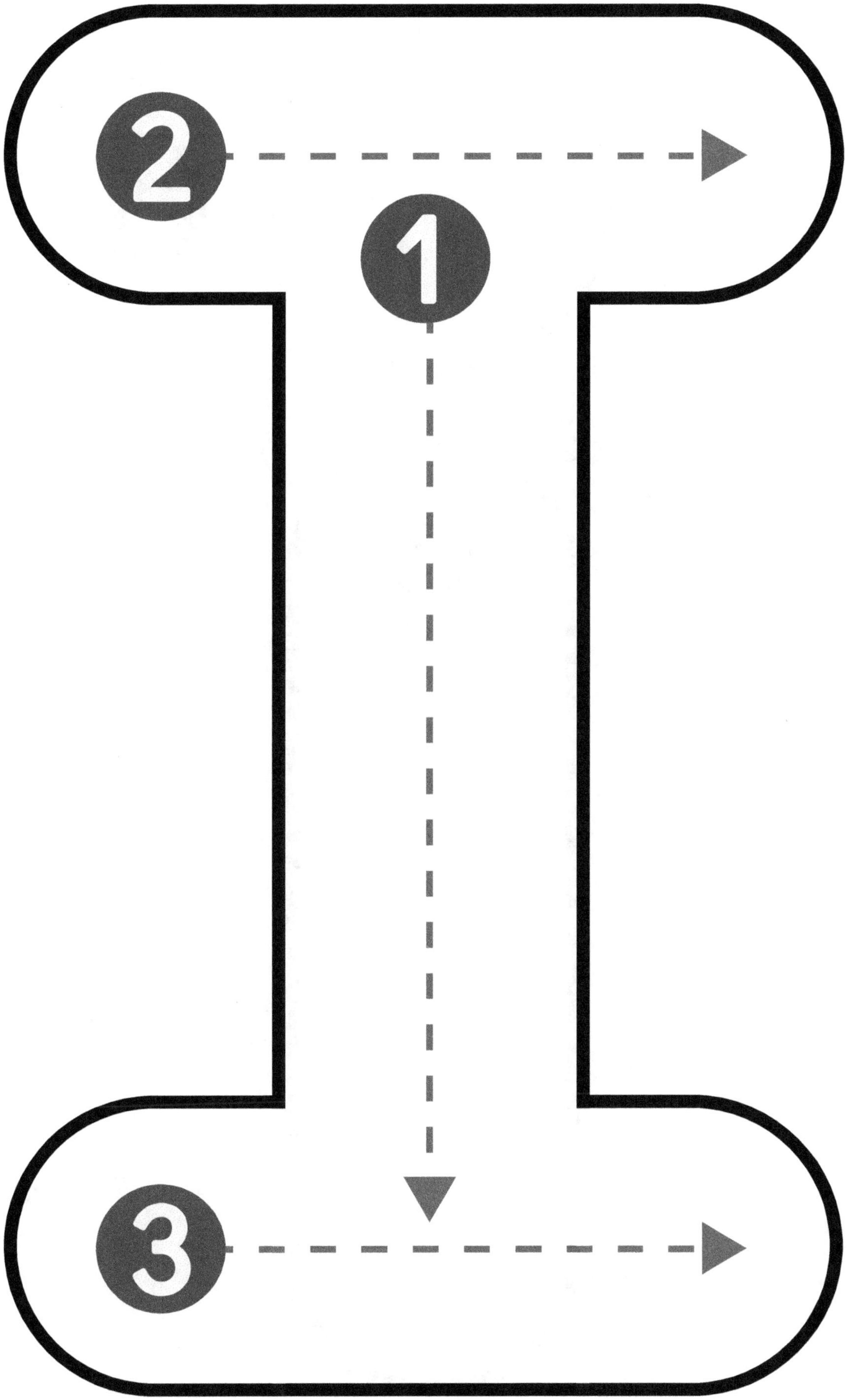
2
1
3

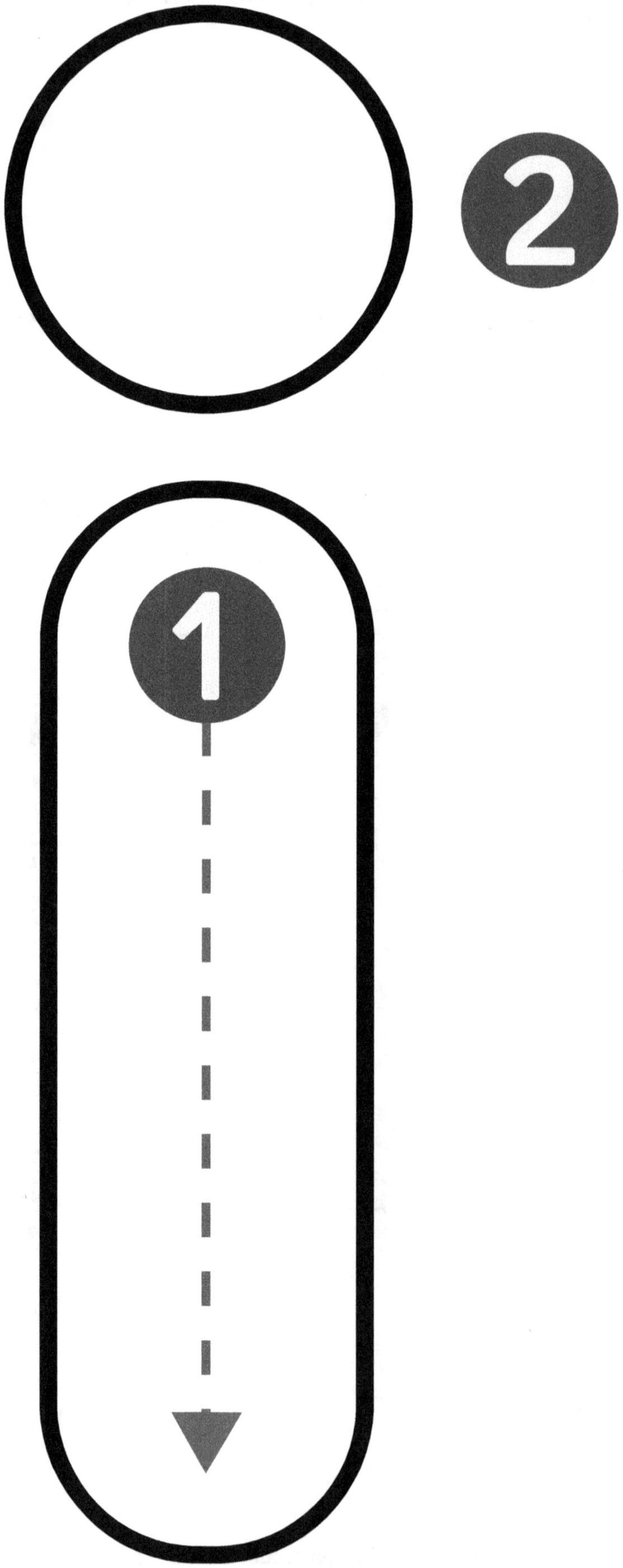
2
1

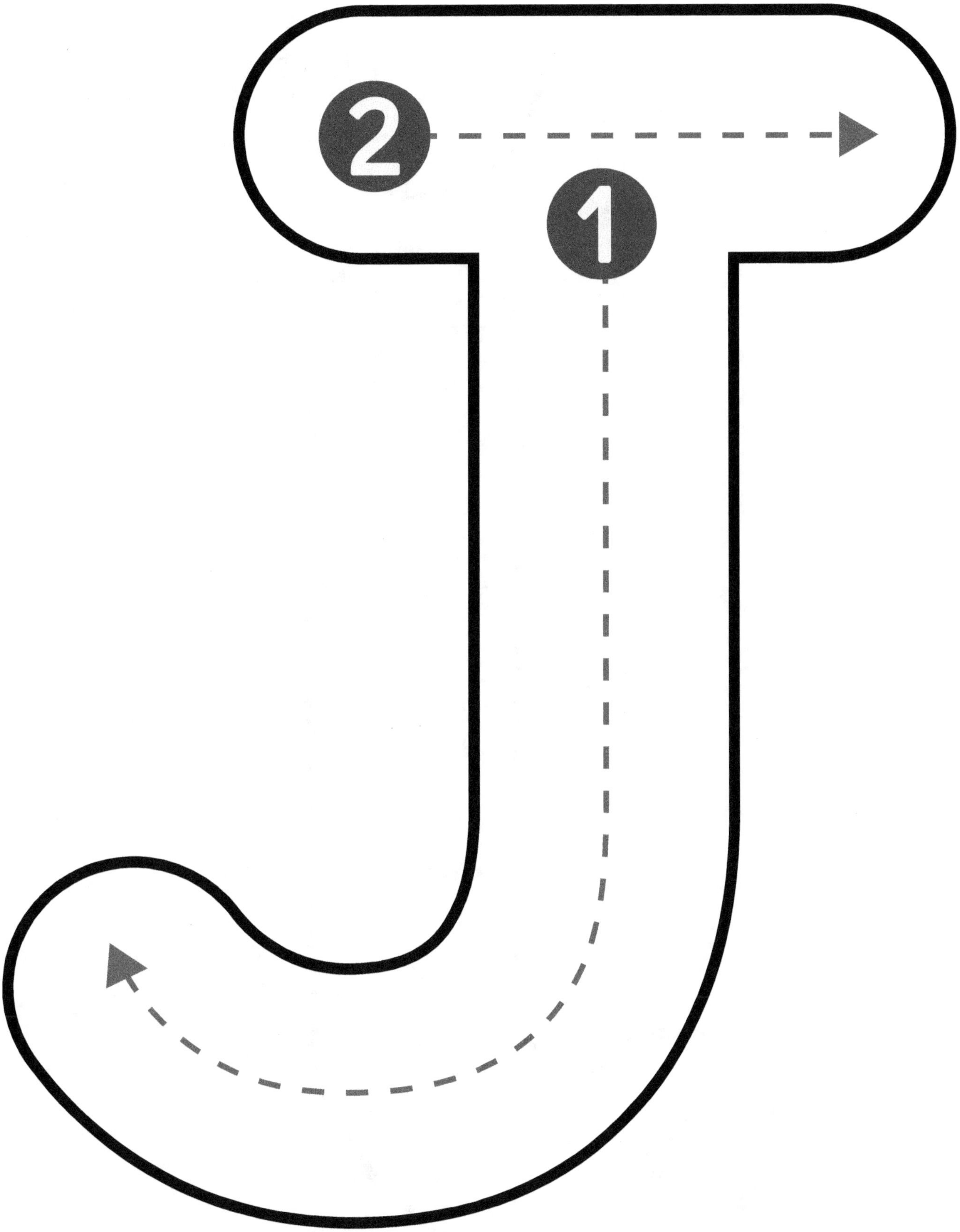

2
1

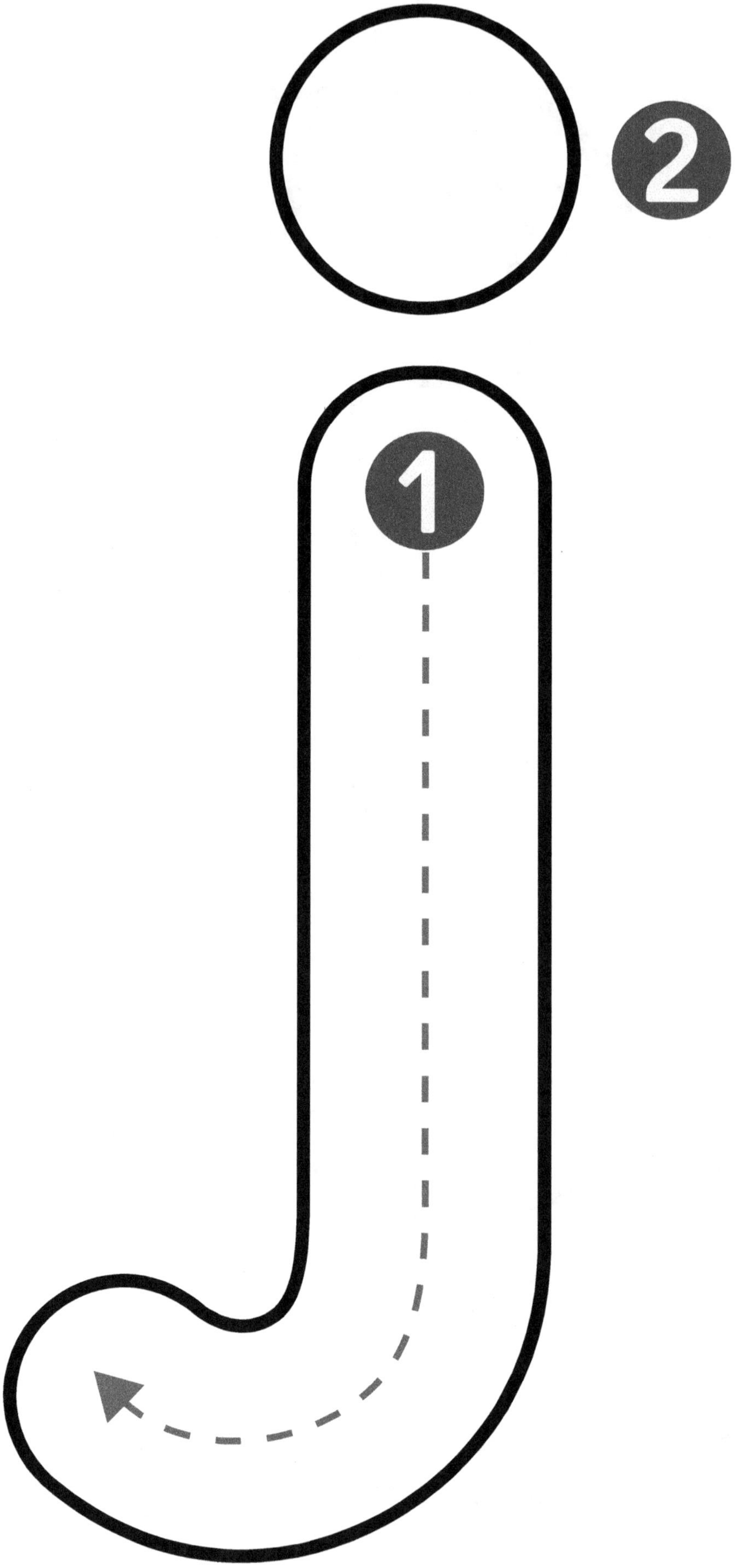
2
1

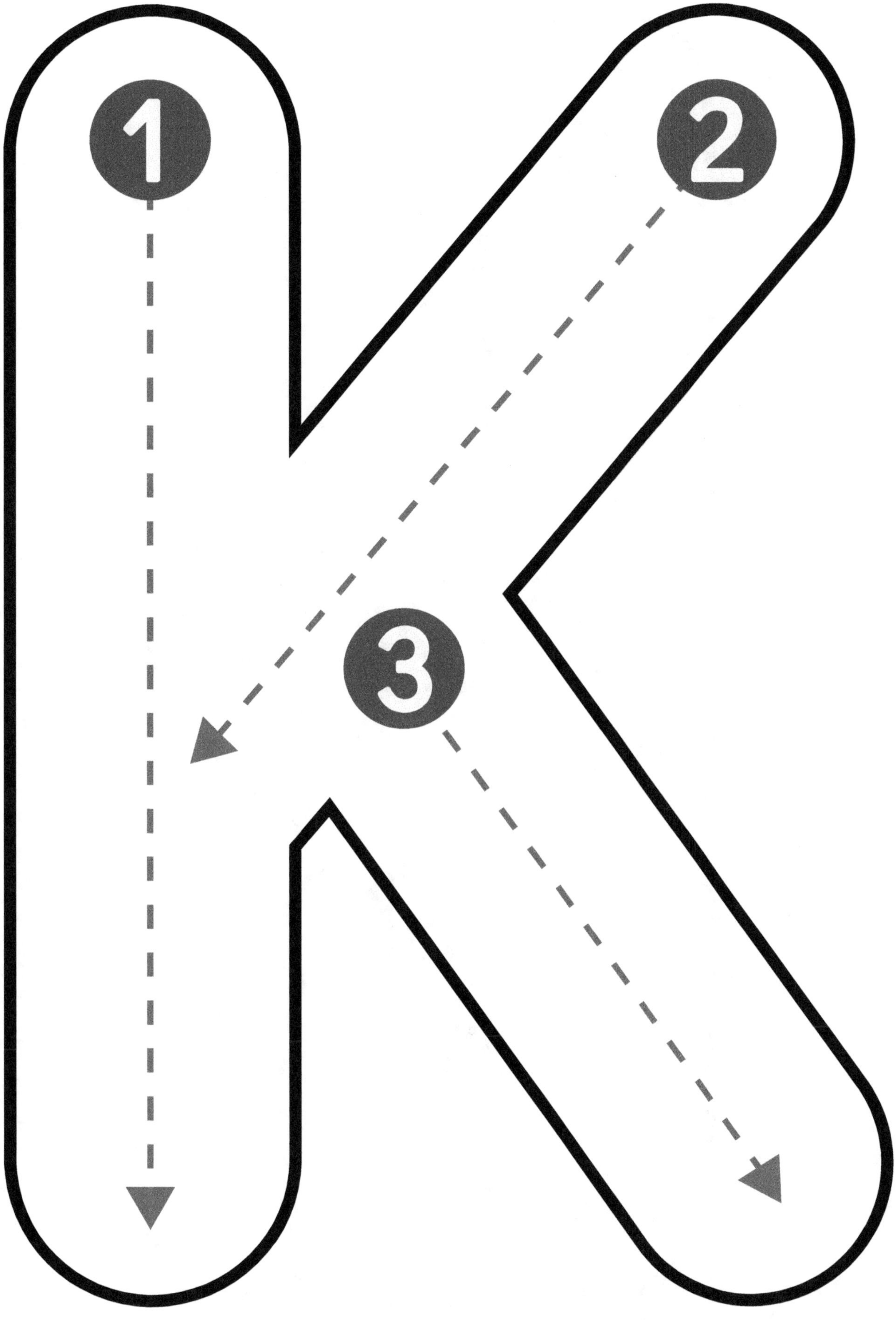

1
2
3

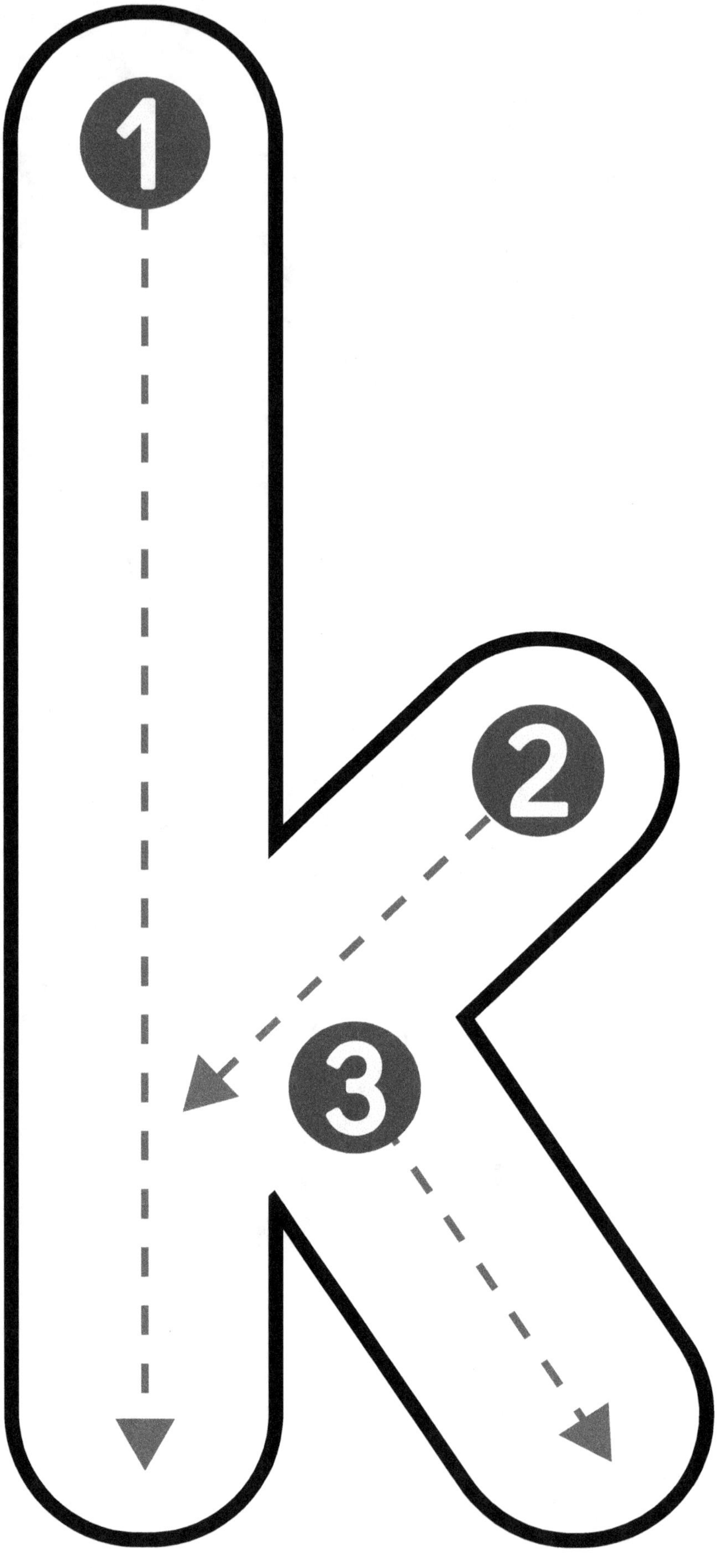
1
2
3

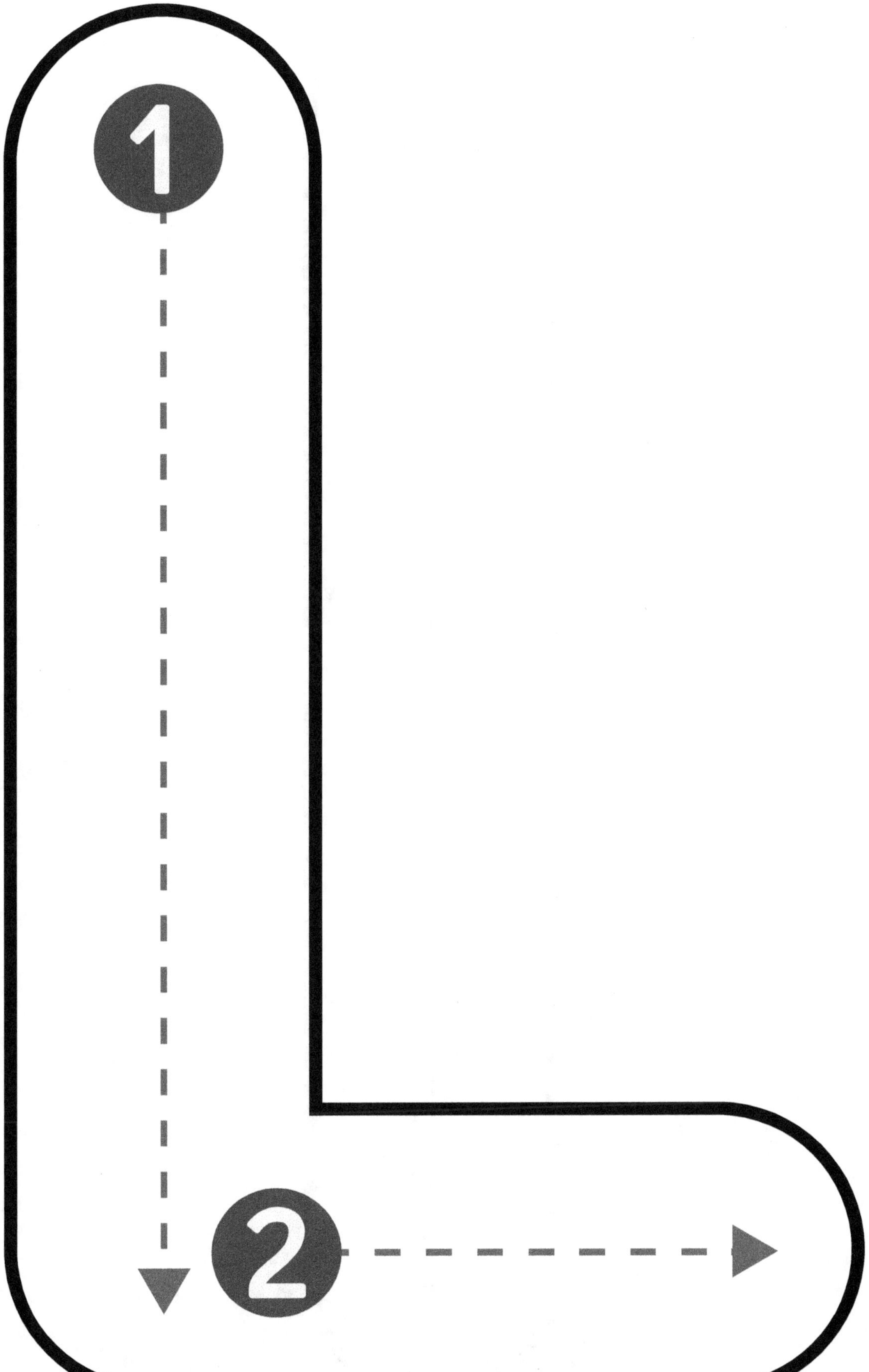
1
2

1

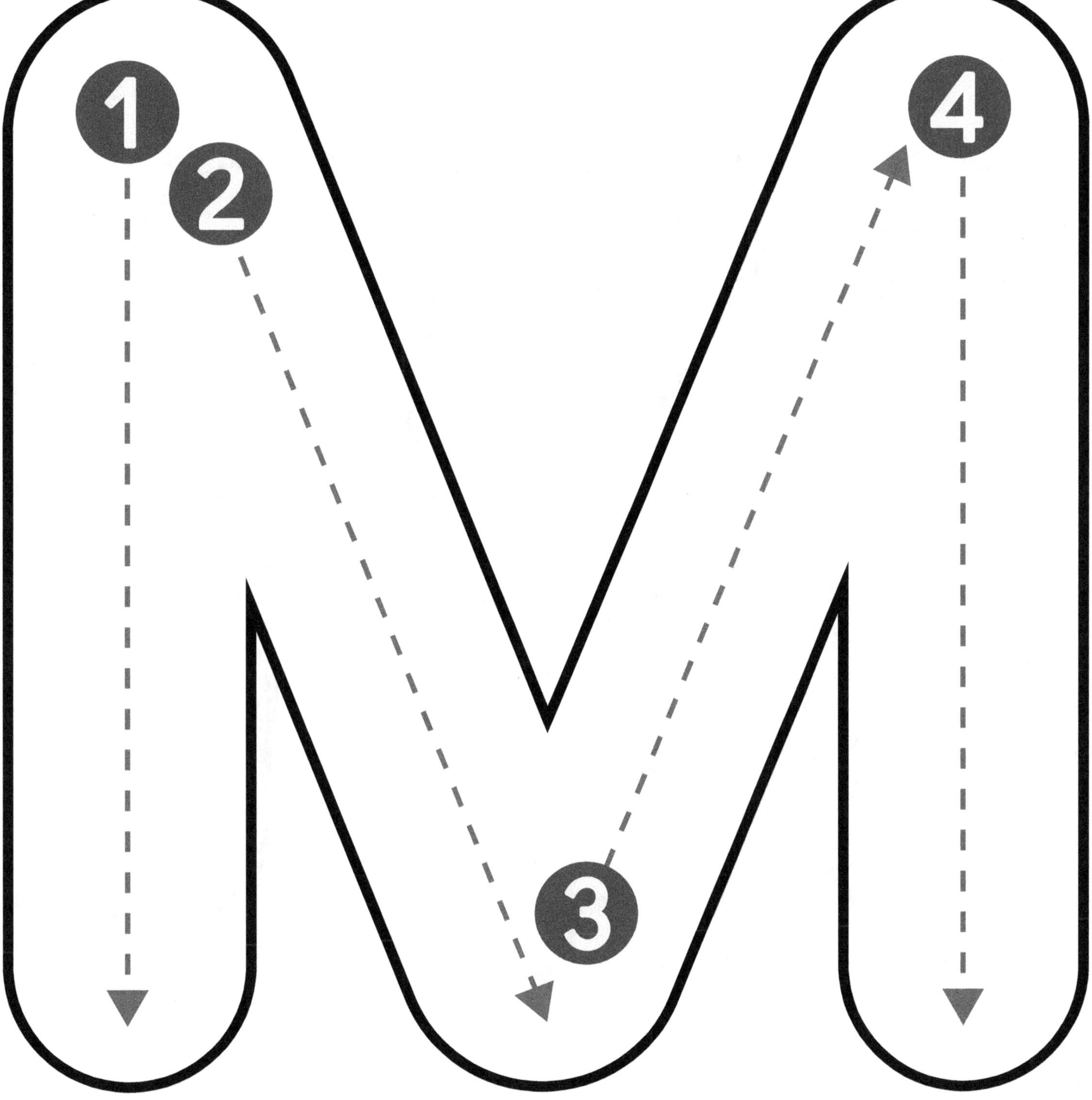
1
2
3
4

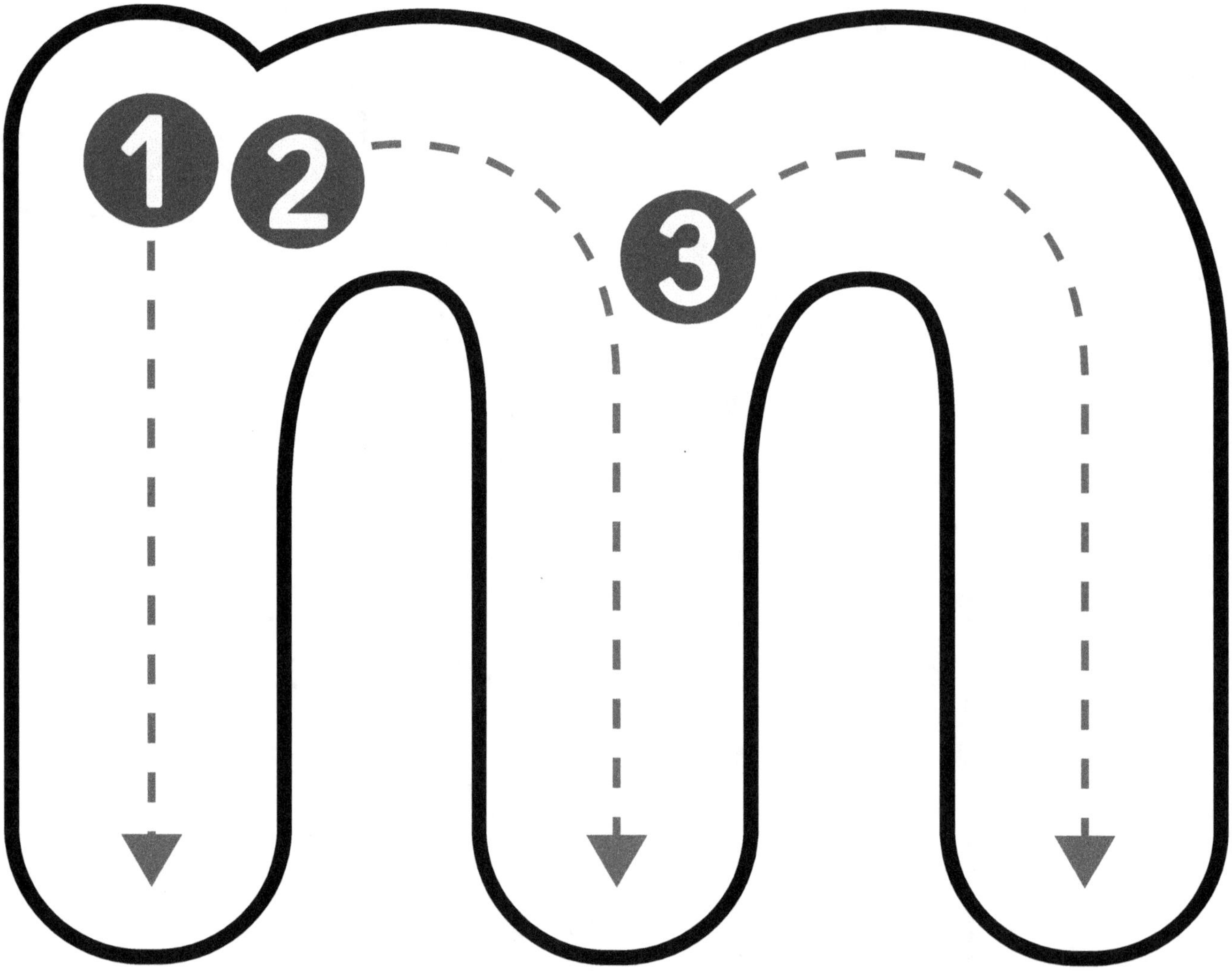
1
2
3

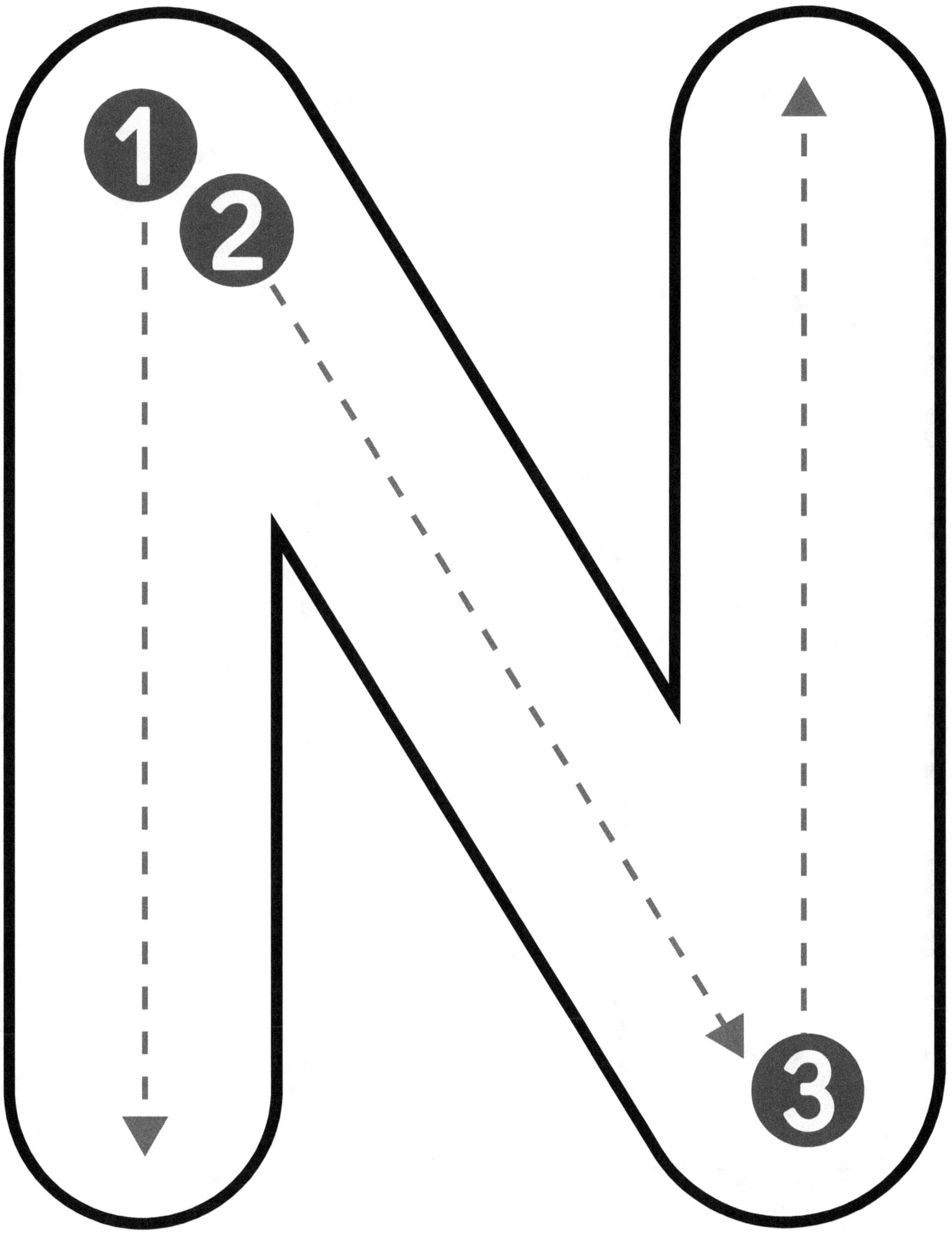
1
2
3

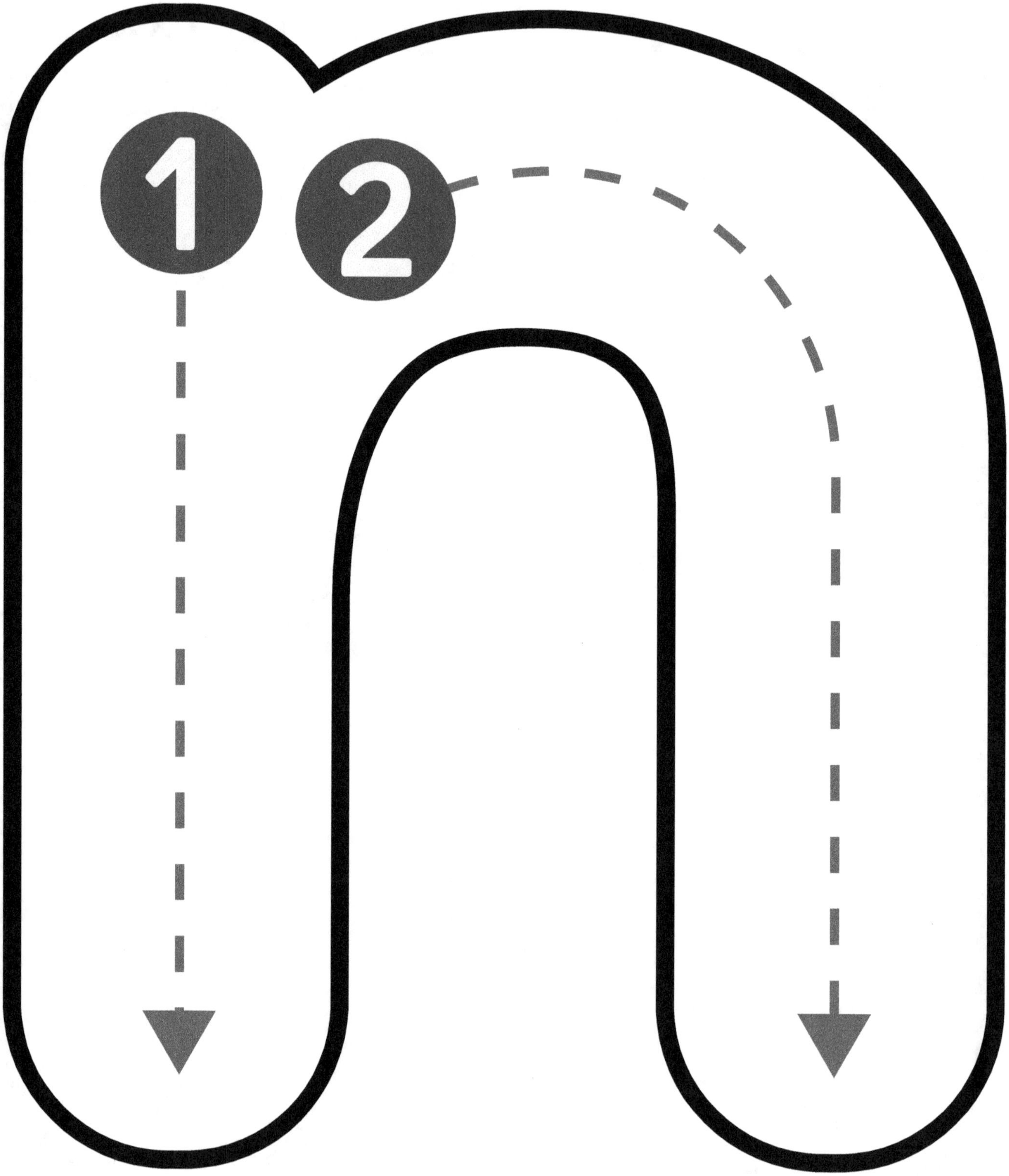

1
2

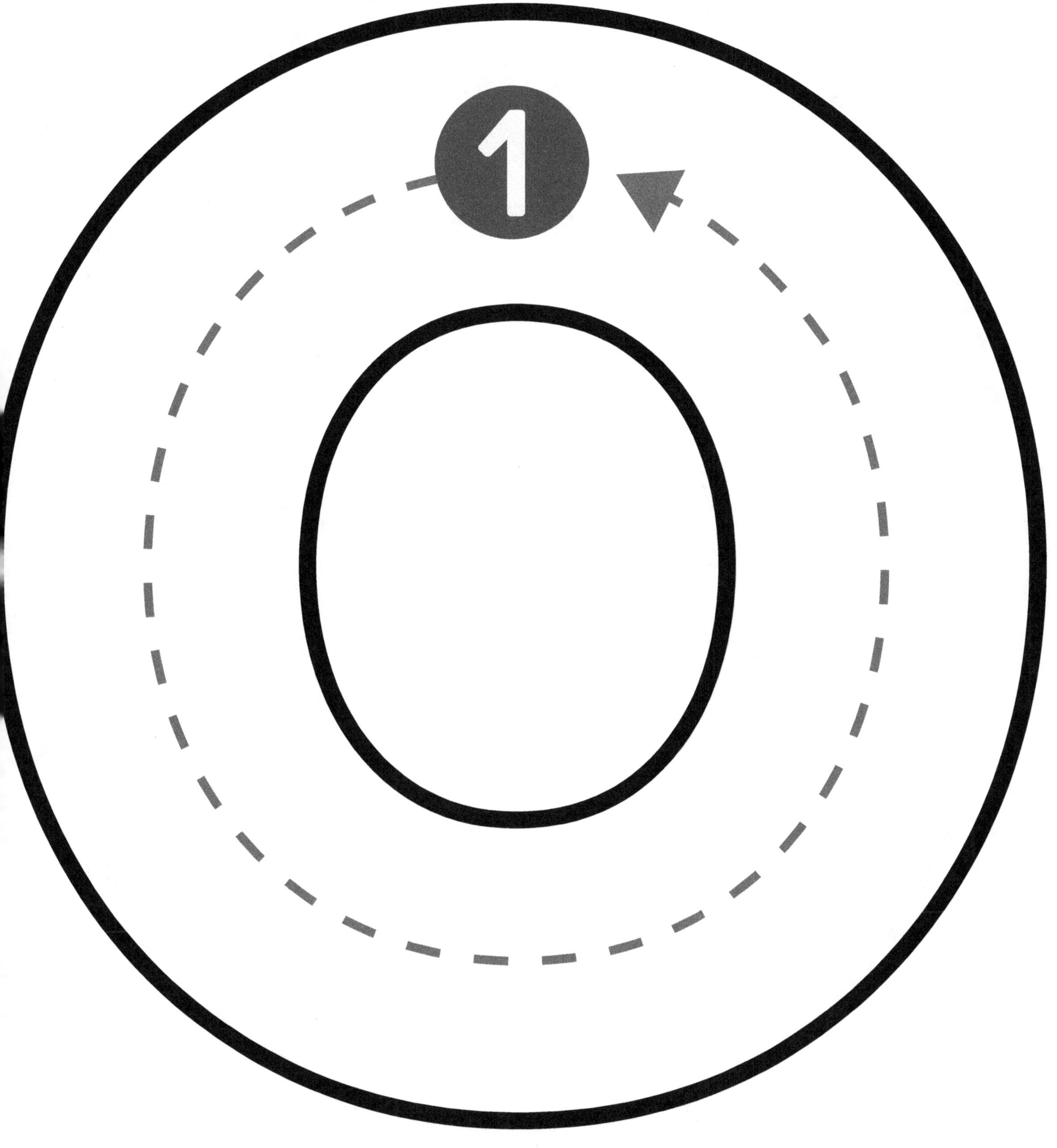
1

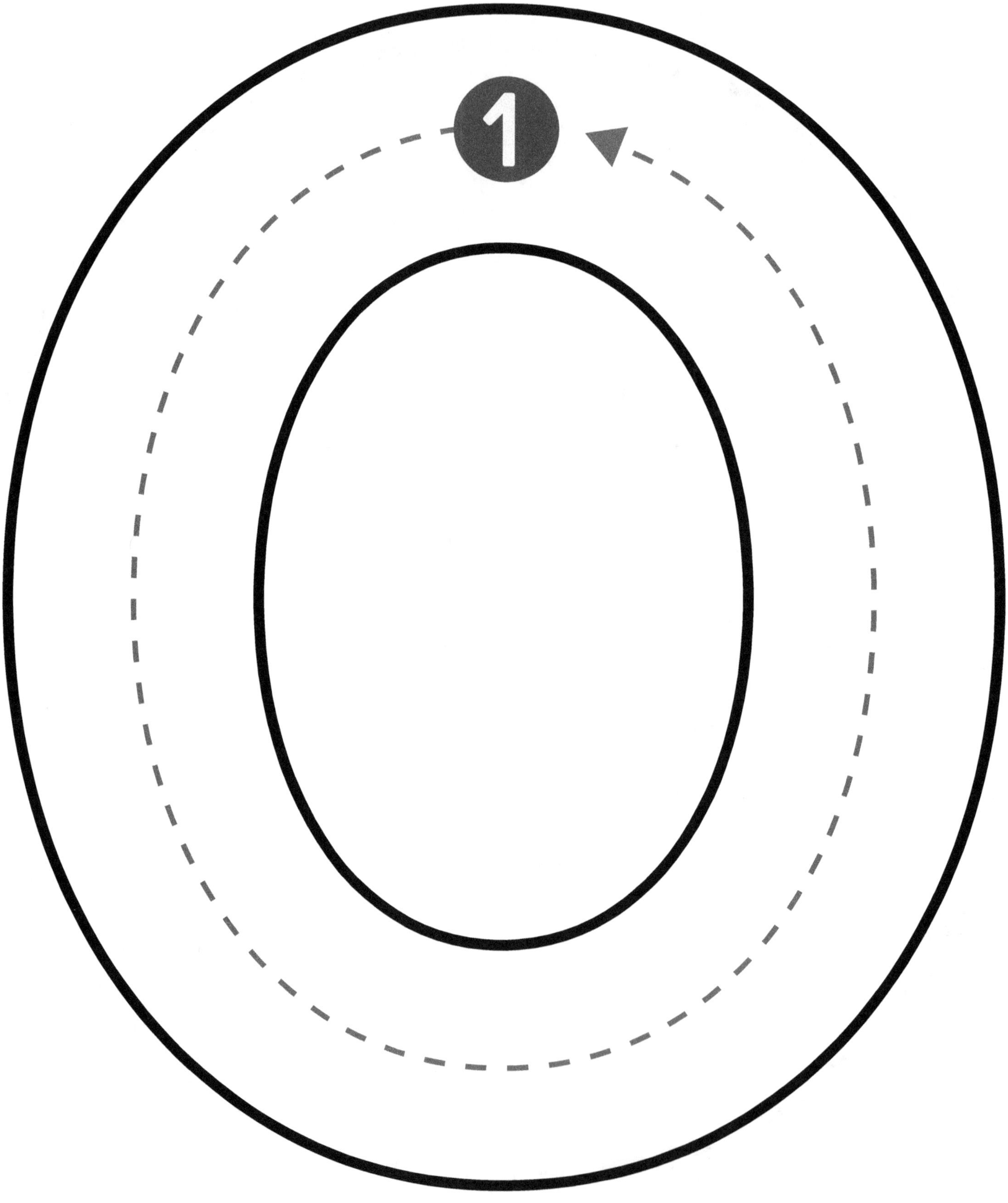
1

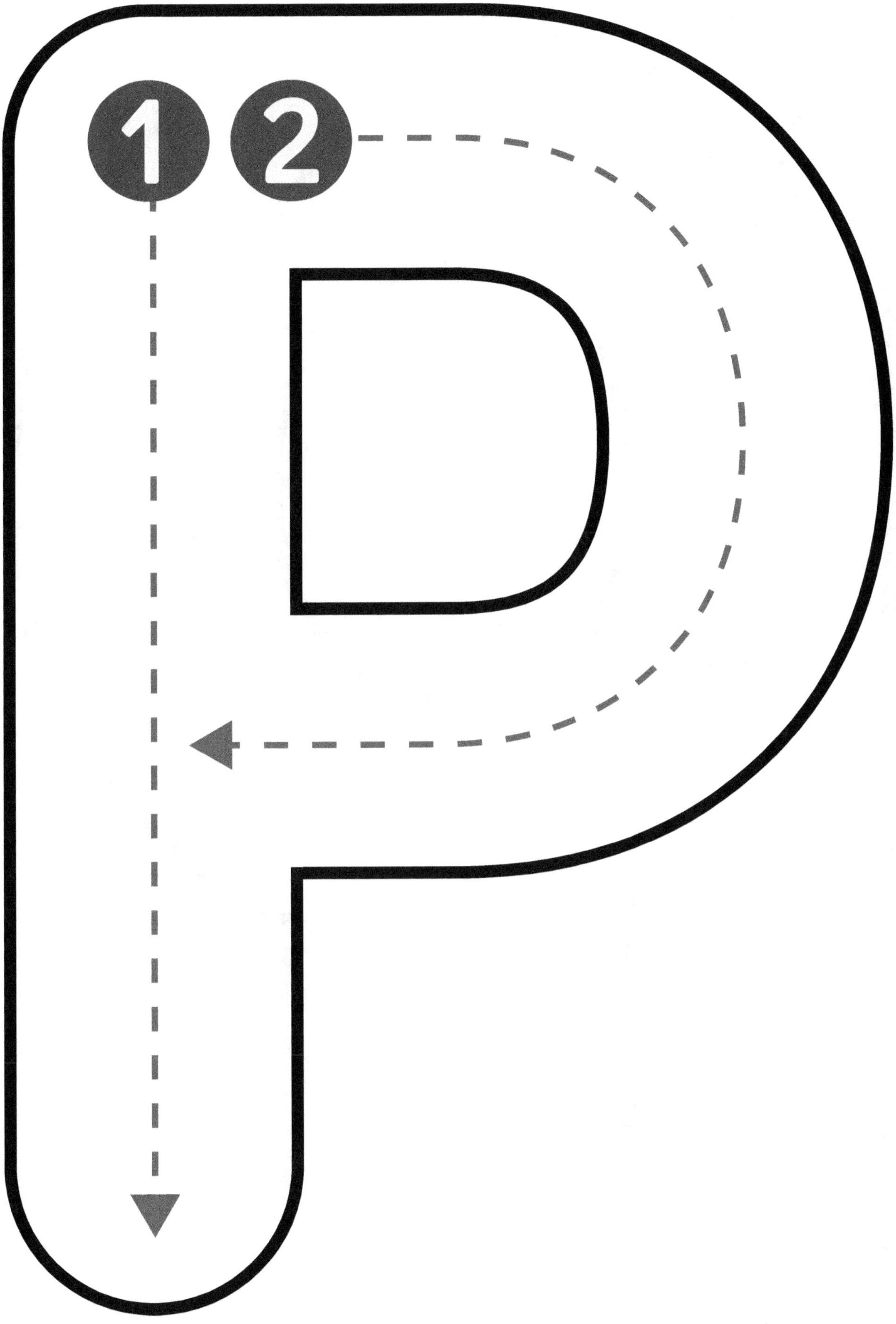
1
2

1
2

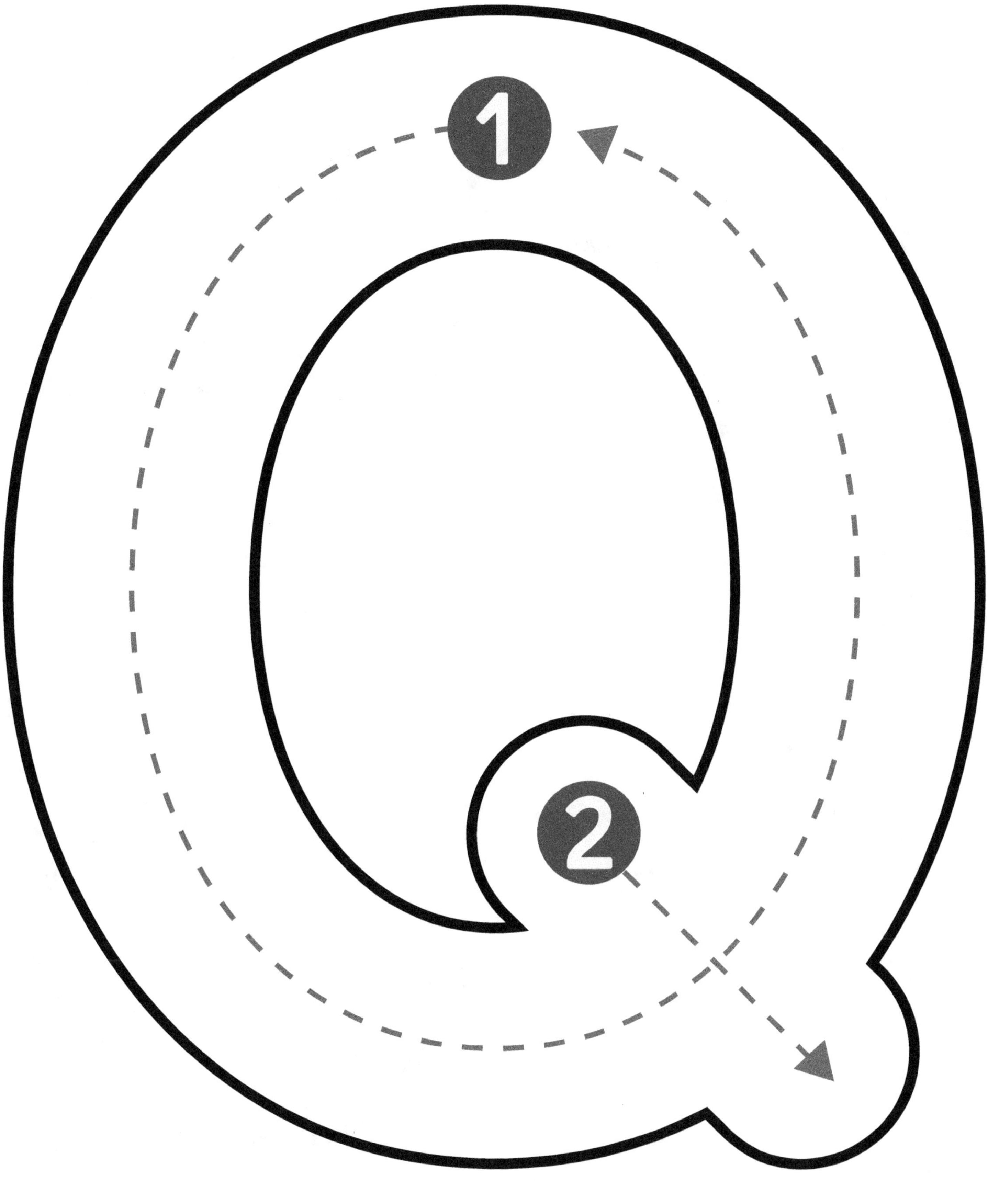
1
2

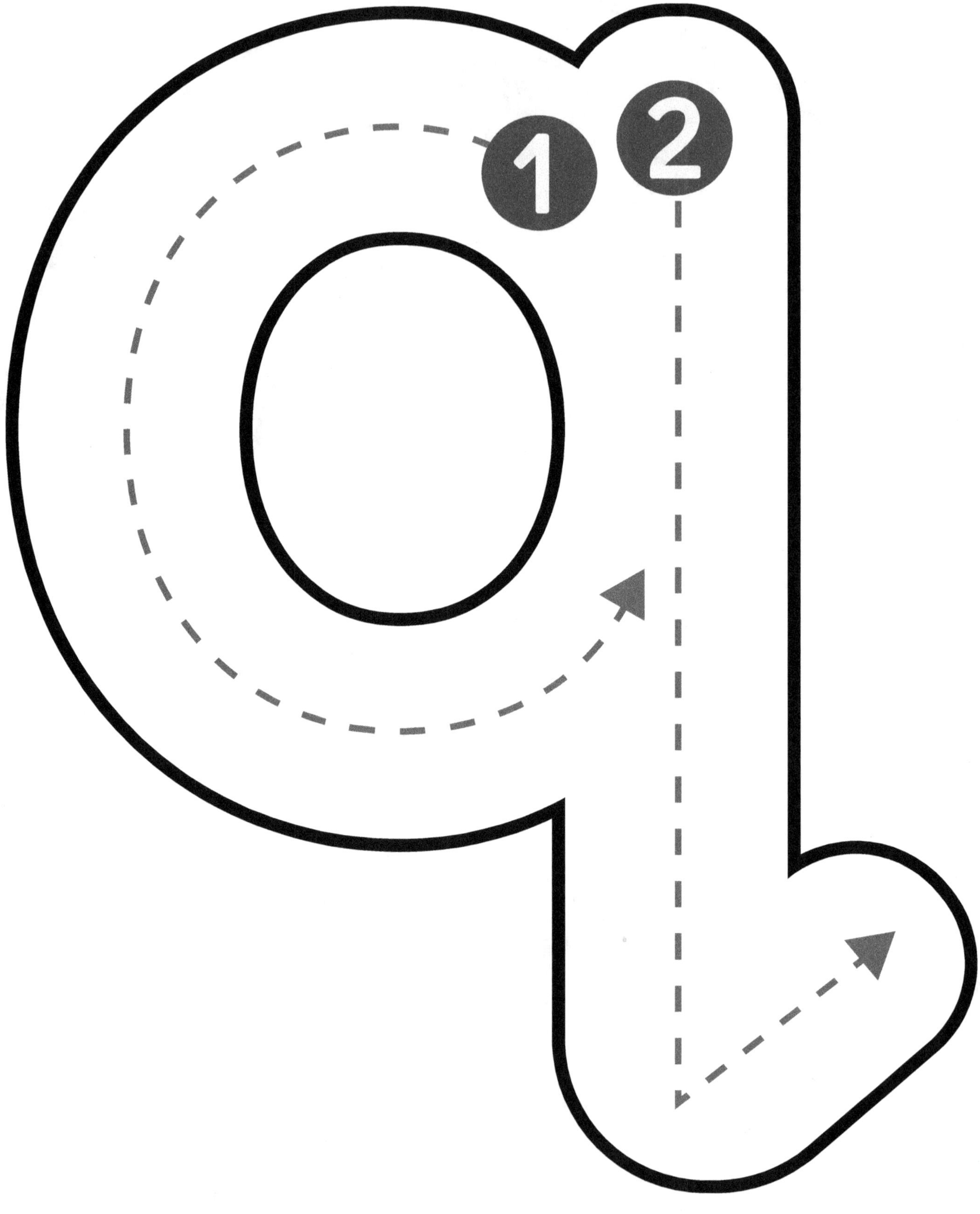
1
2

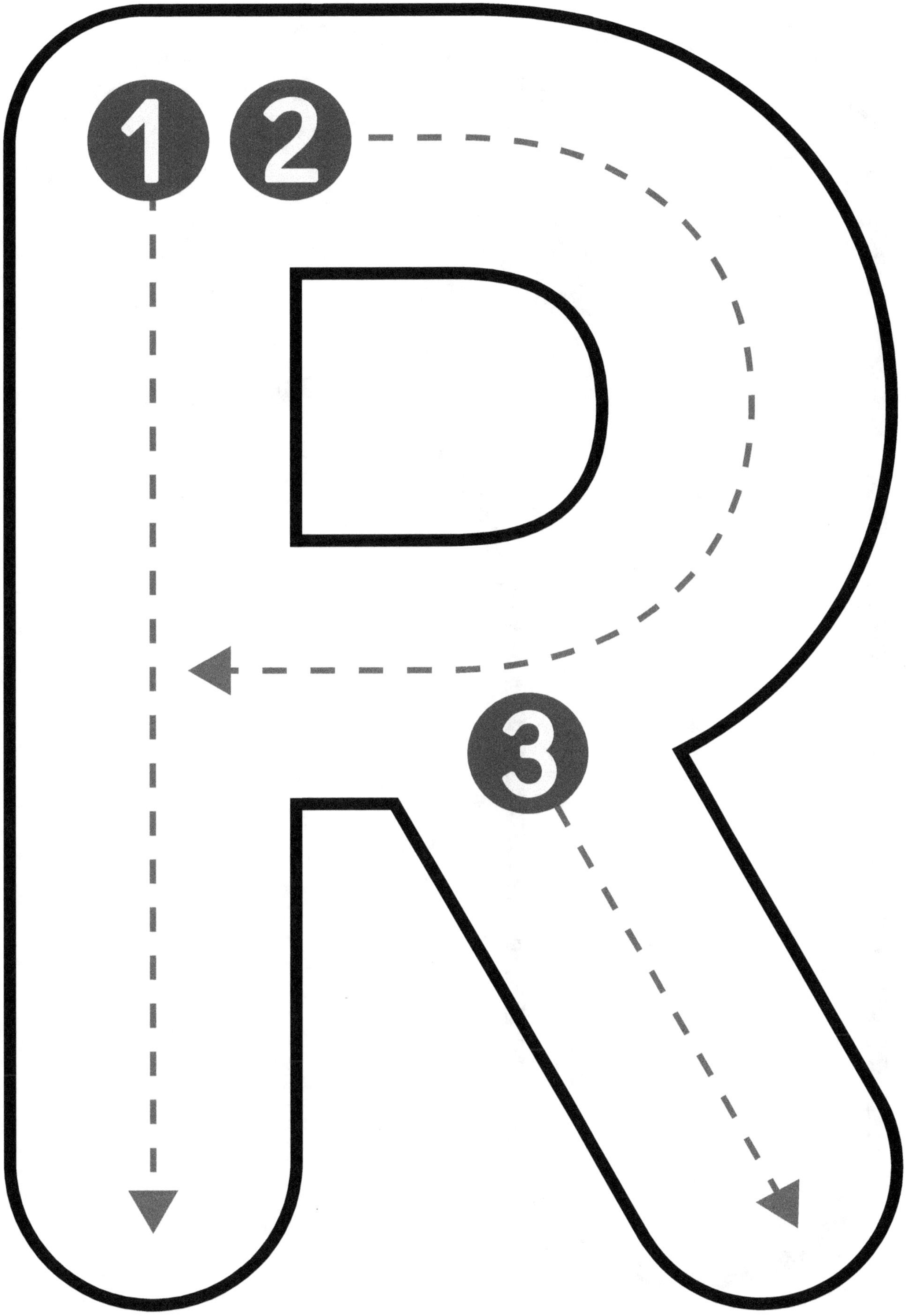
1
2
3

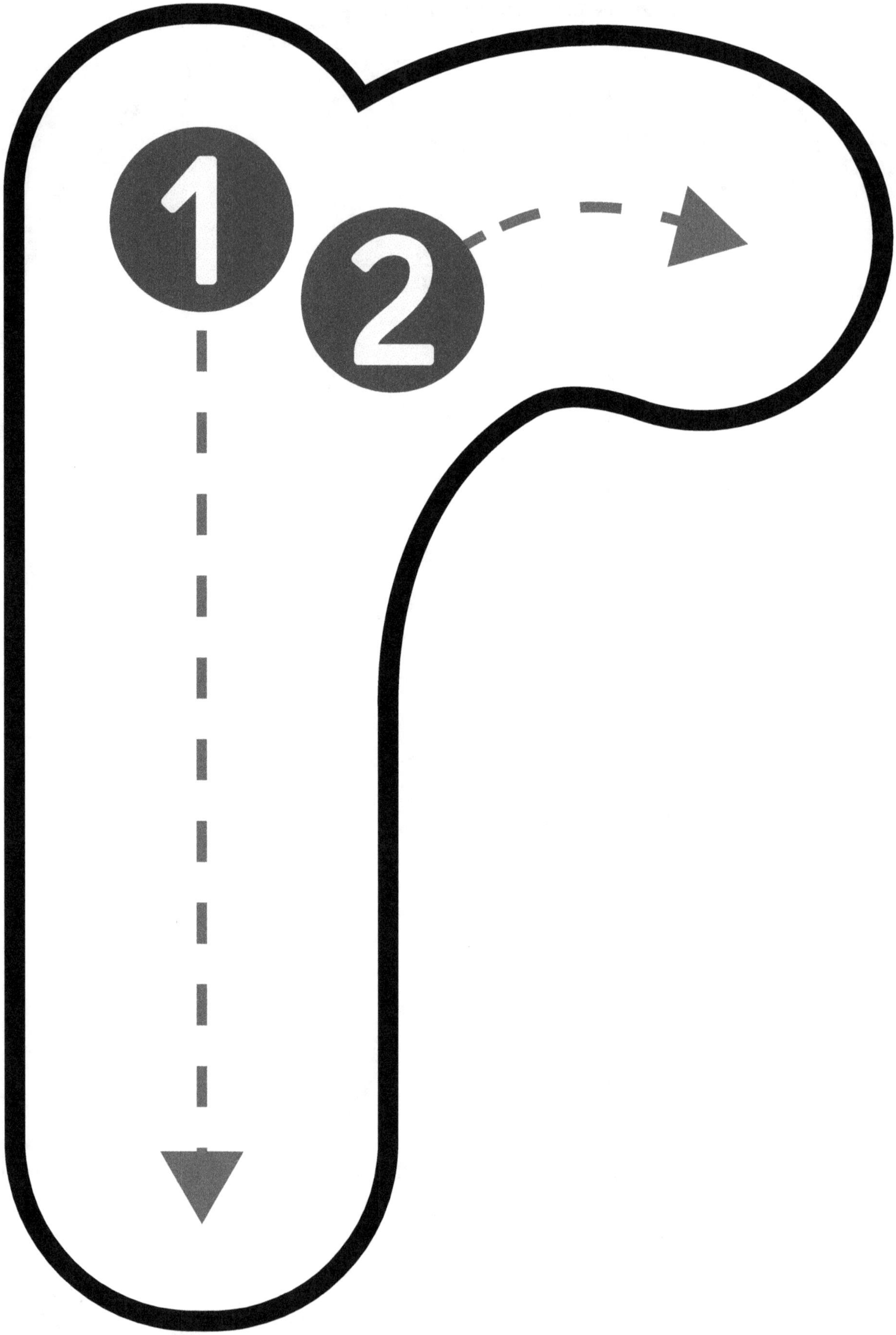

1
2

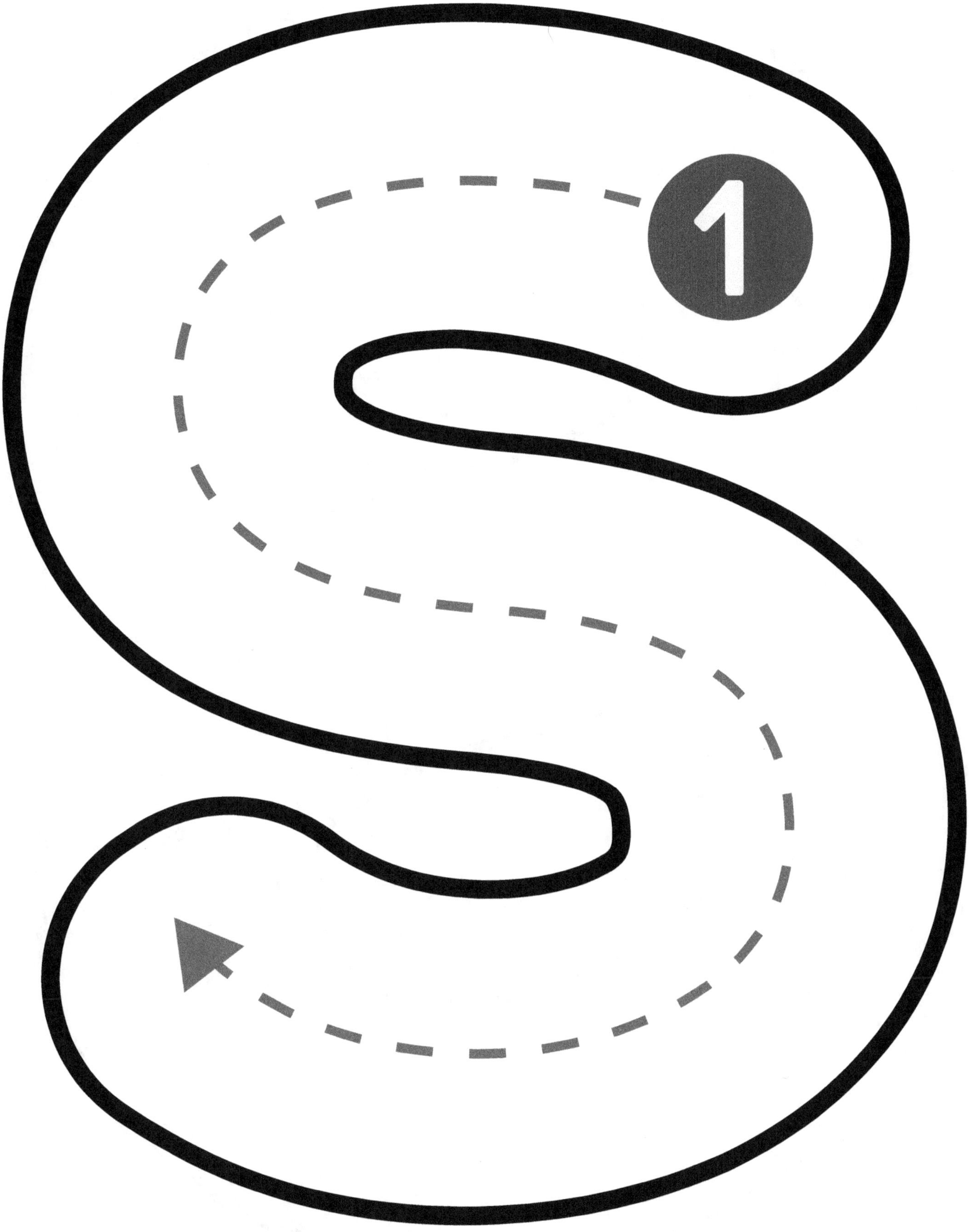
1

1

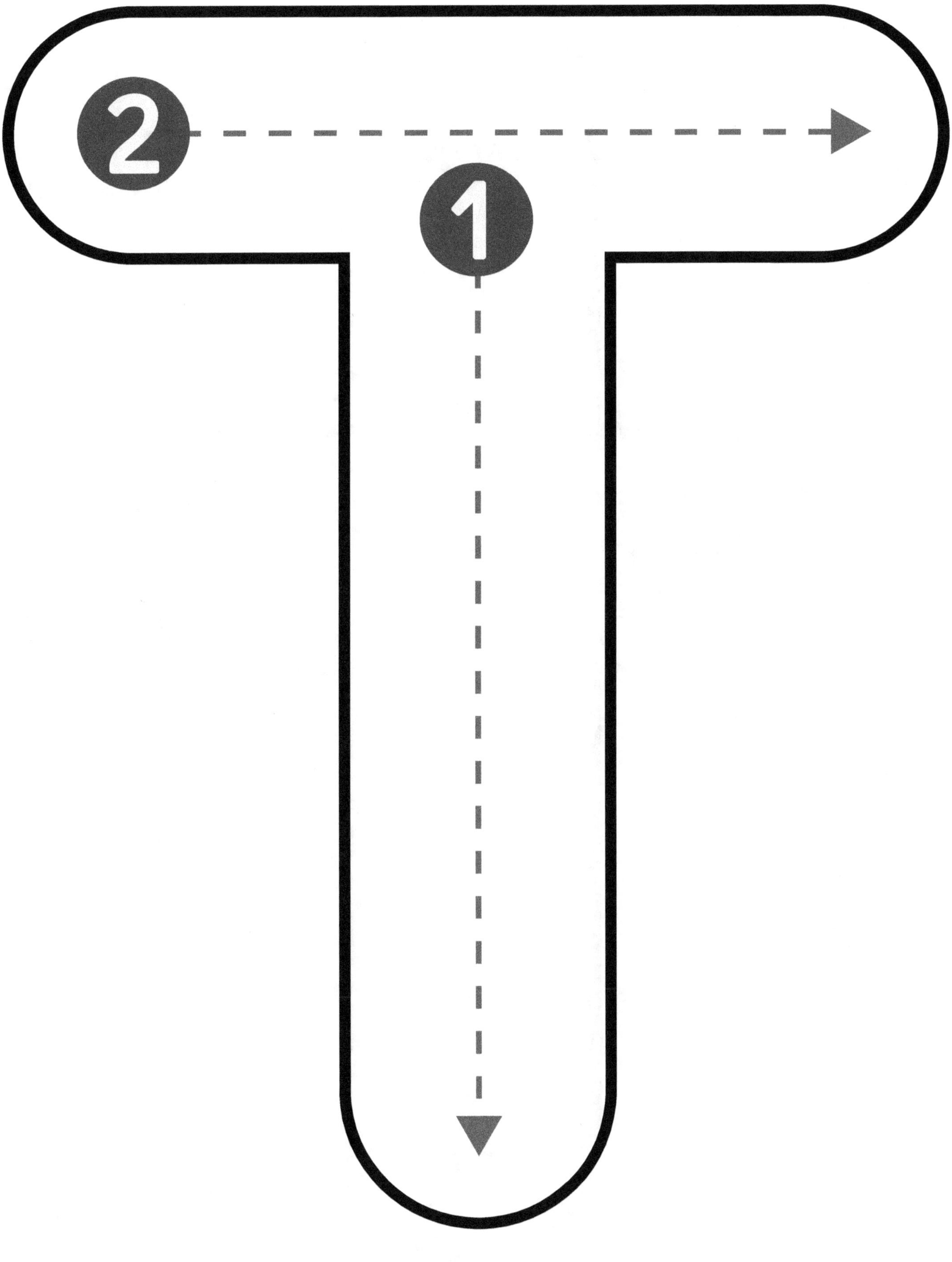
2
1

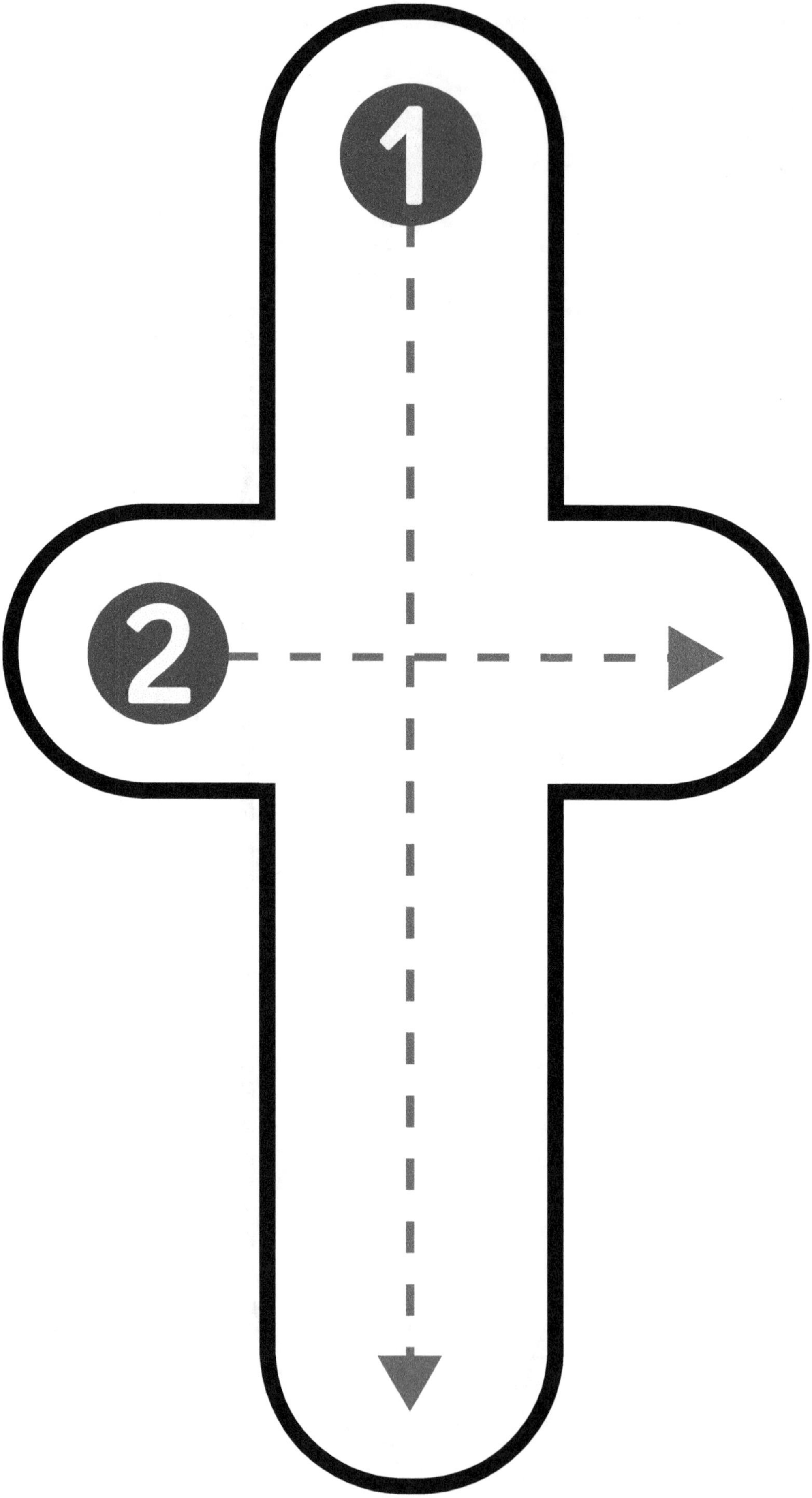
1
2

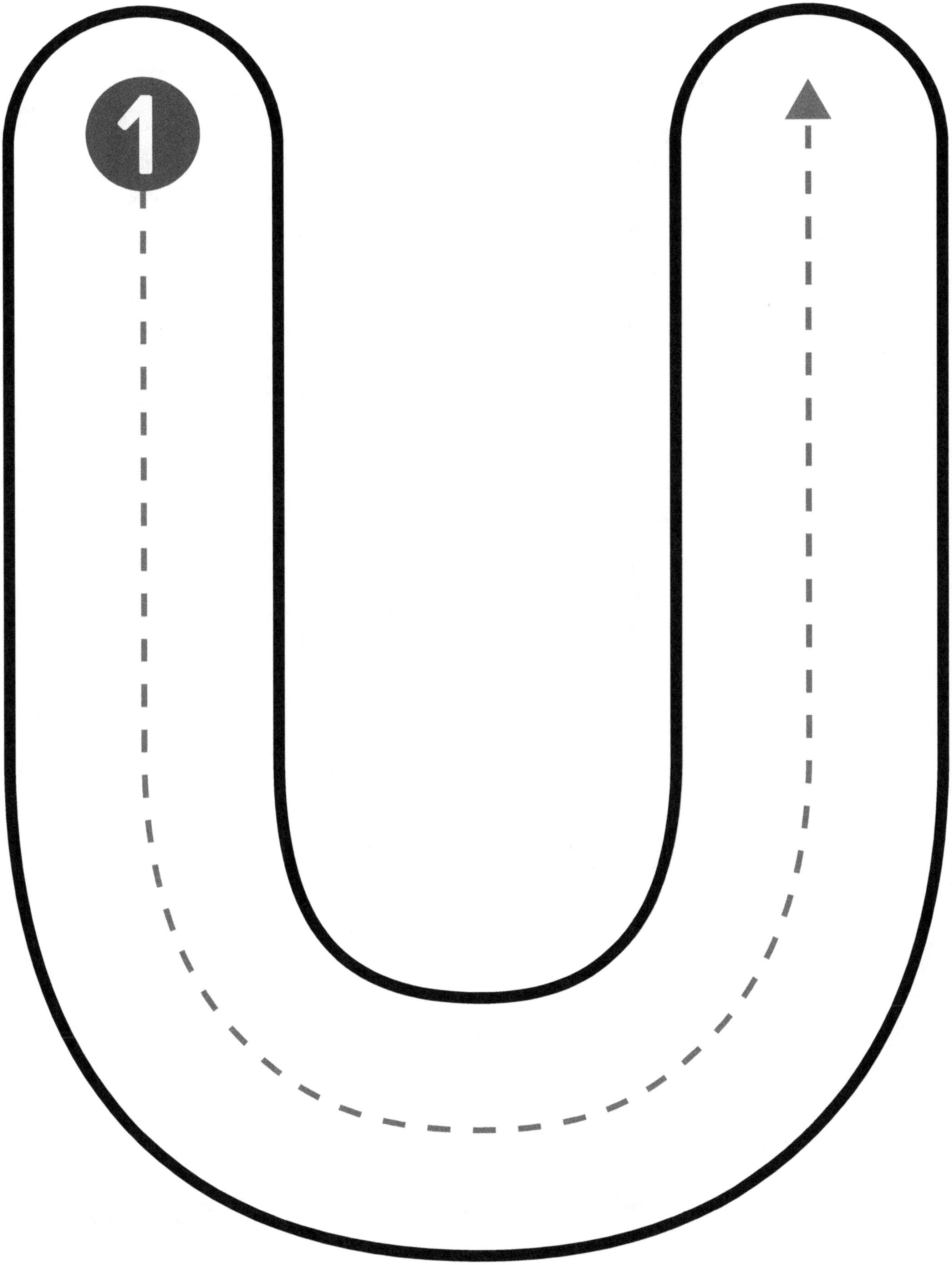
1

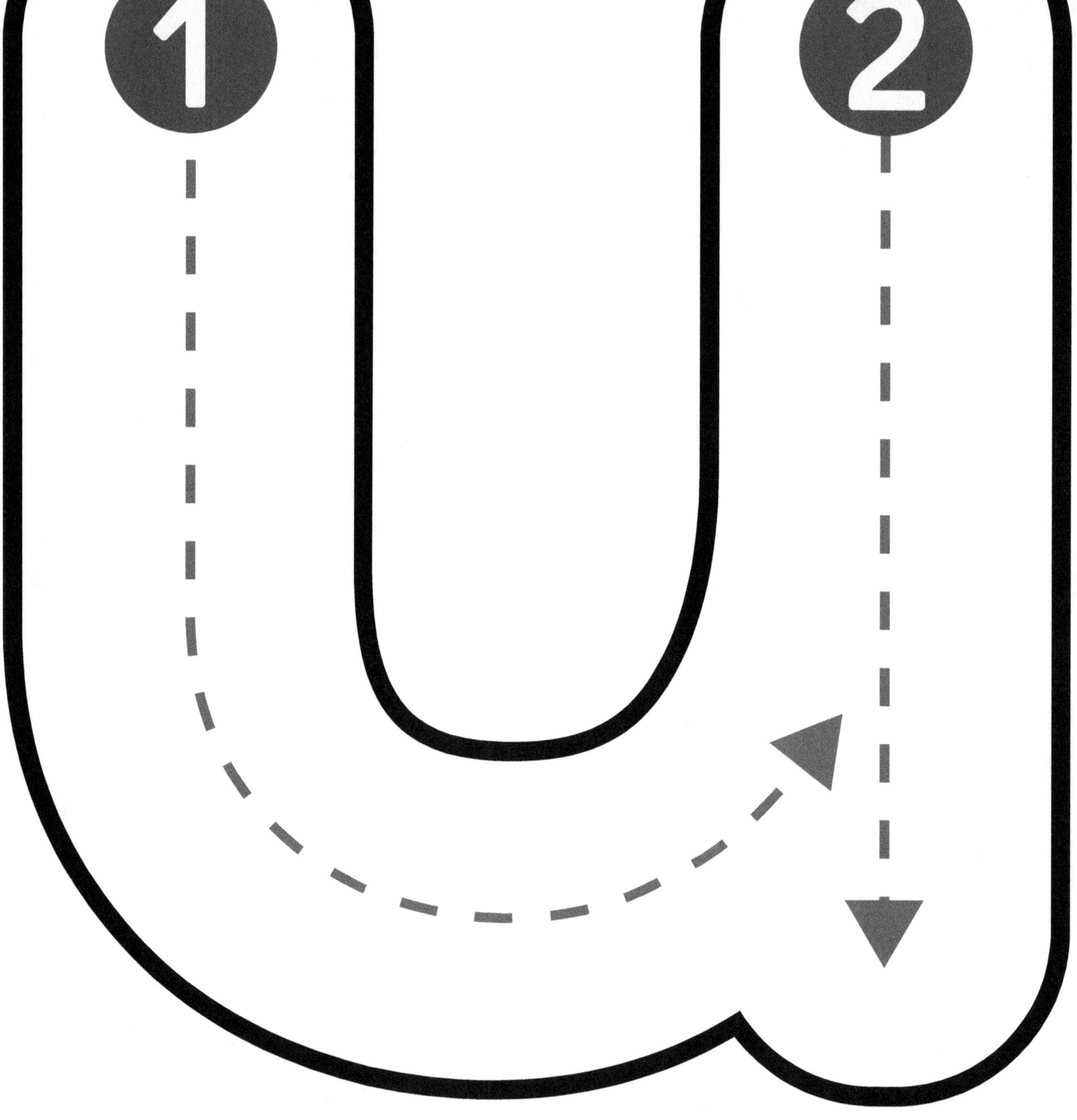
1
2

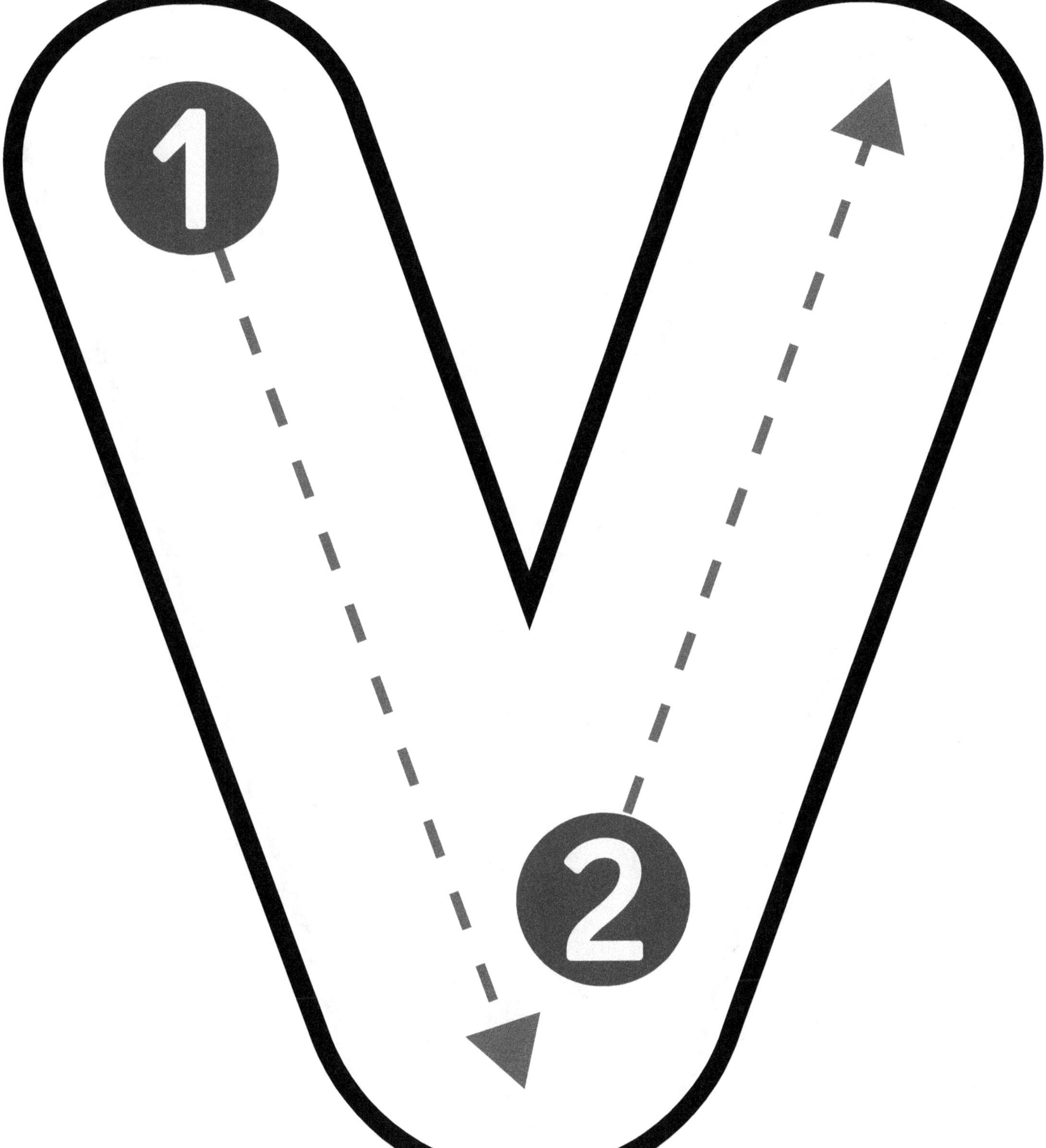
1
2

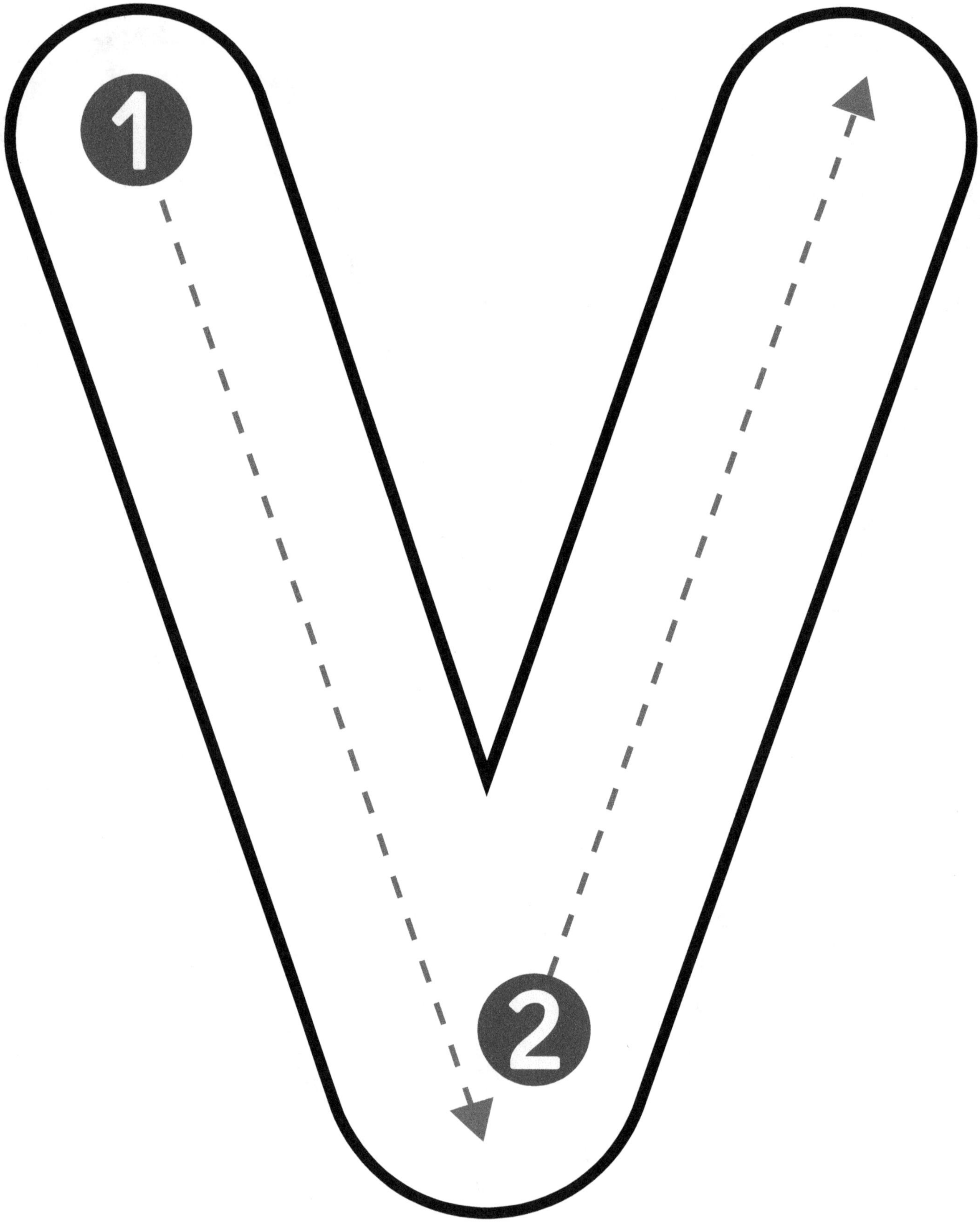
1
2

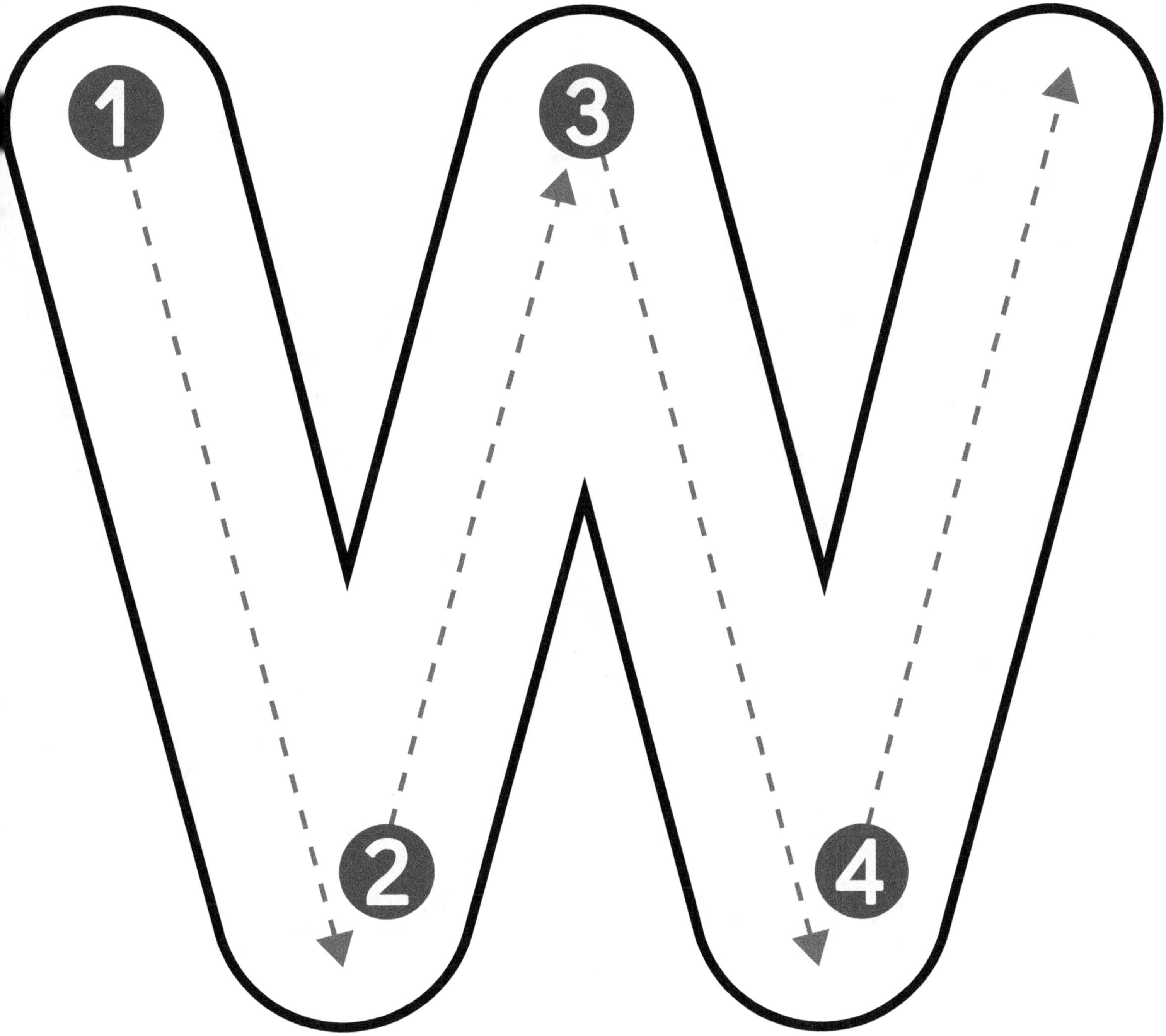
1
3
2
4

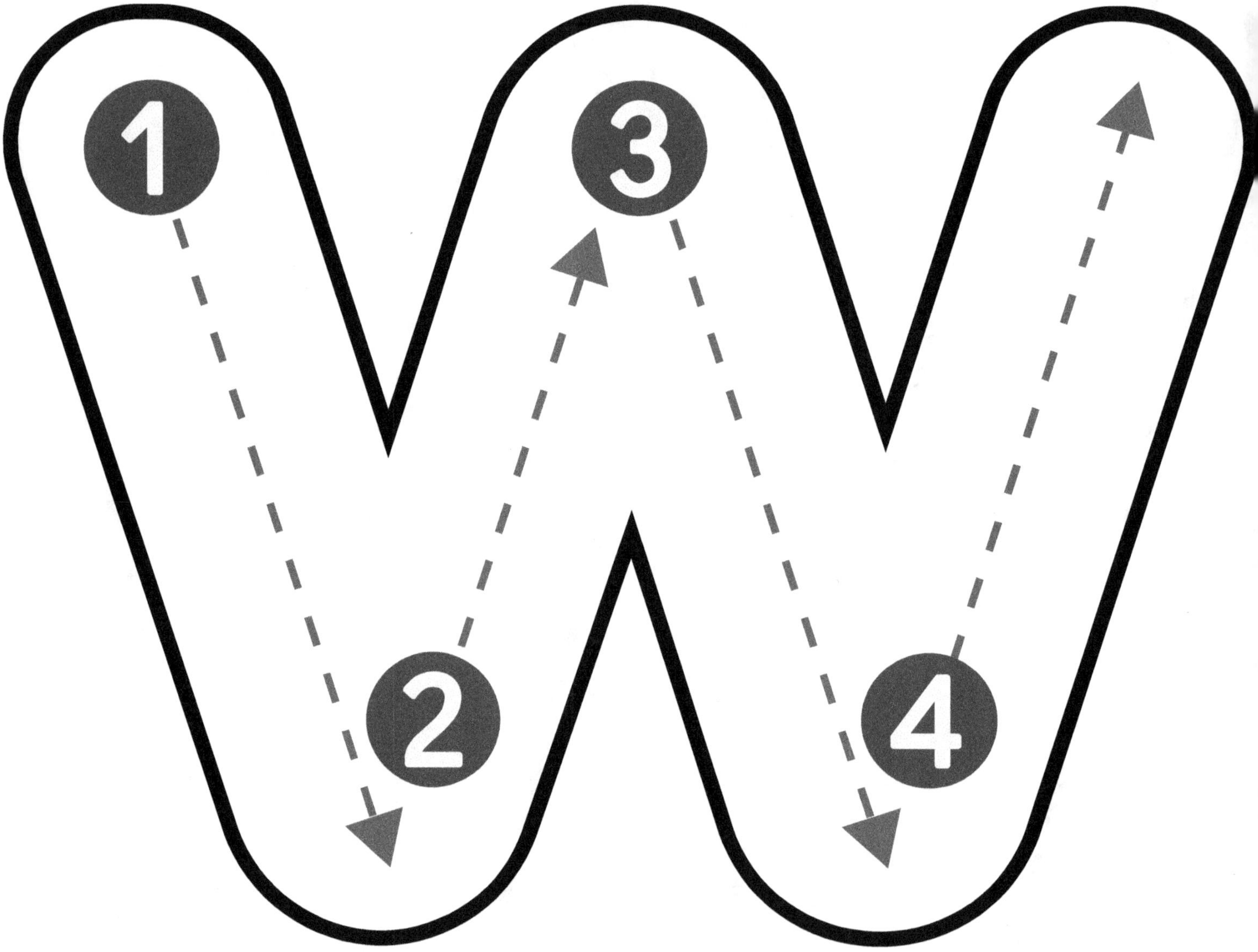
1
2
3
4

1
2

1
2

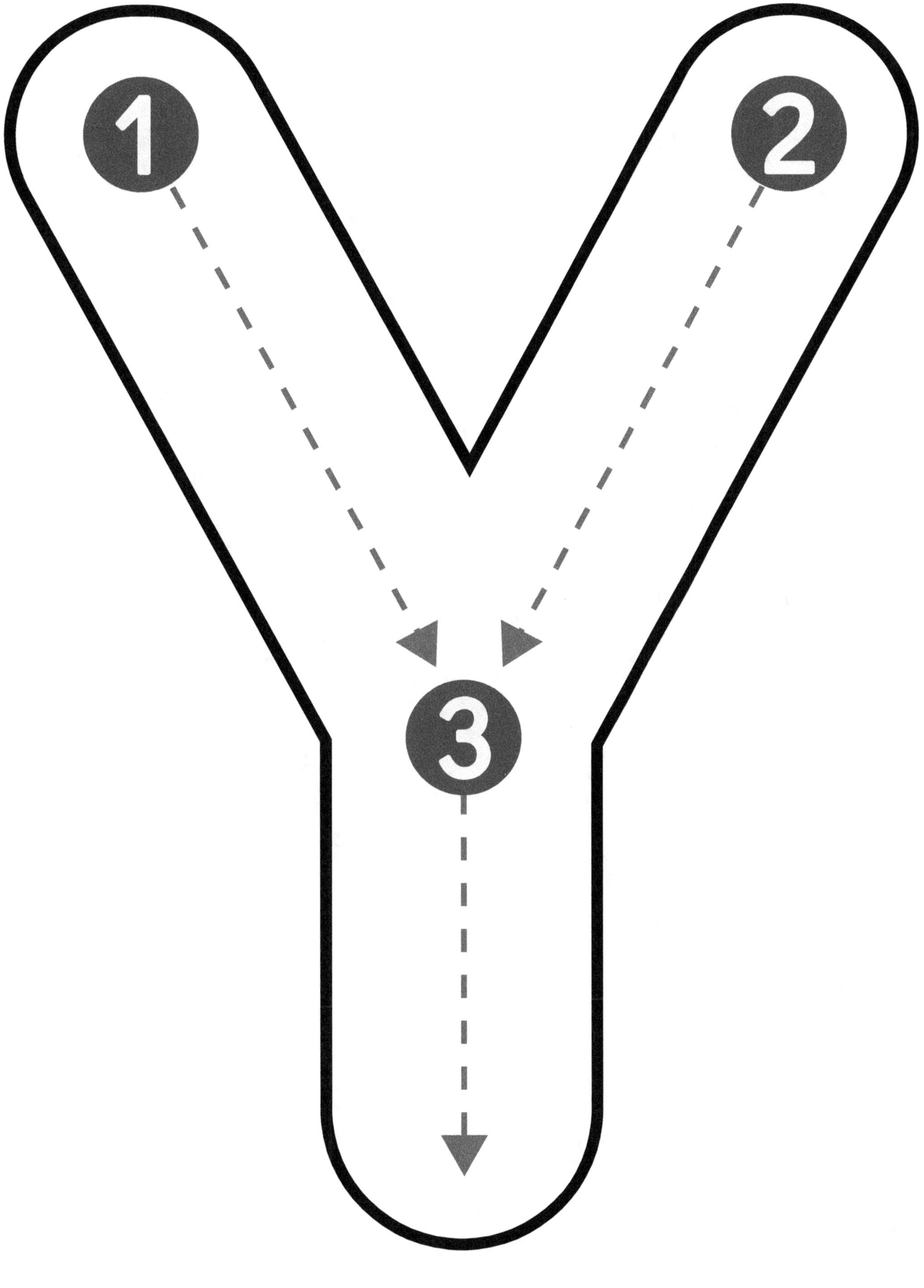
1
2
3

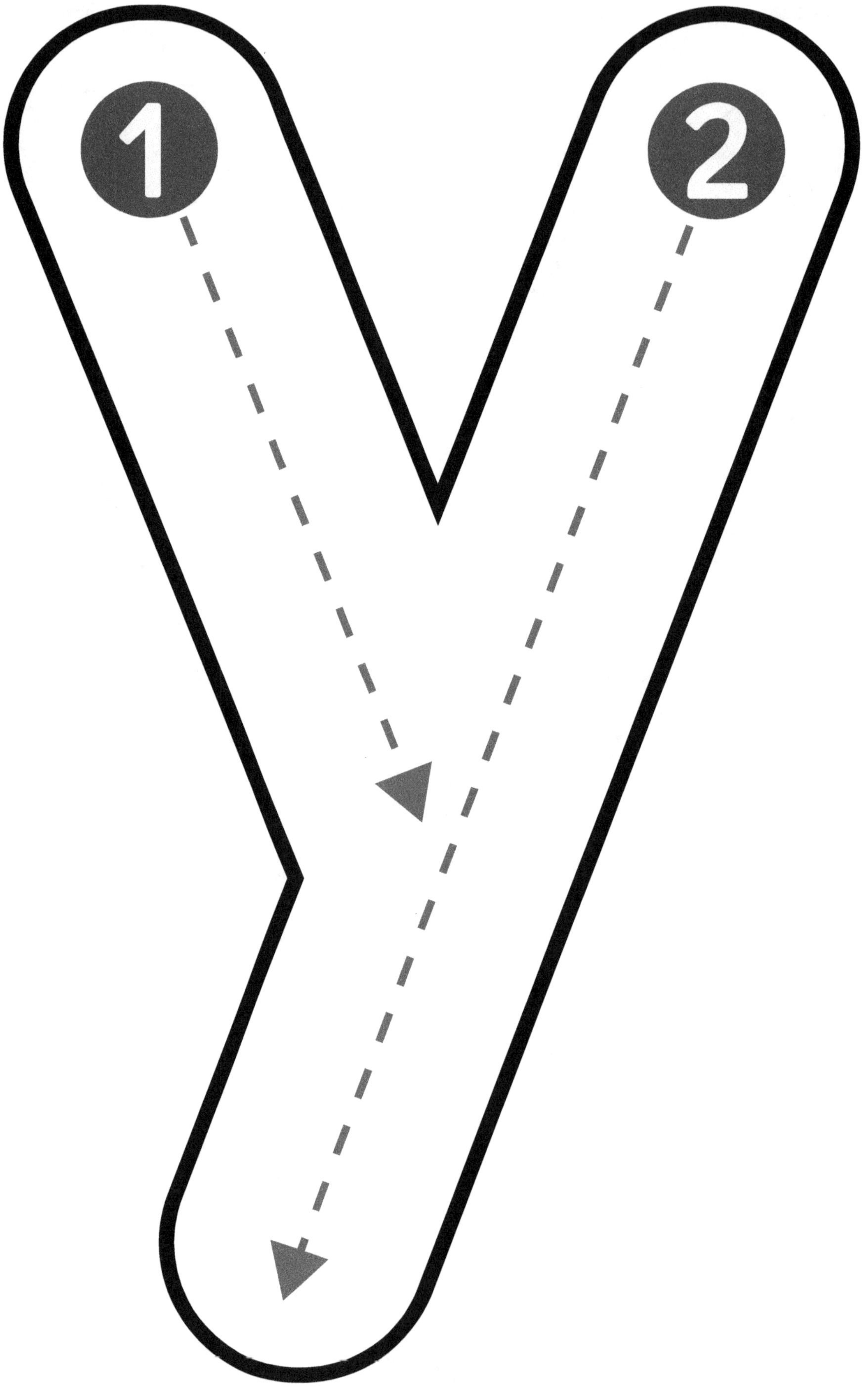
1
2

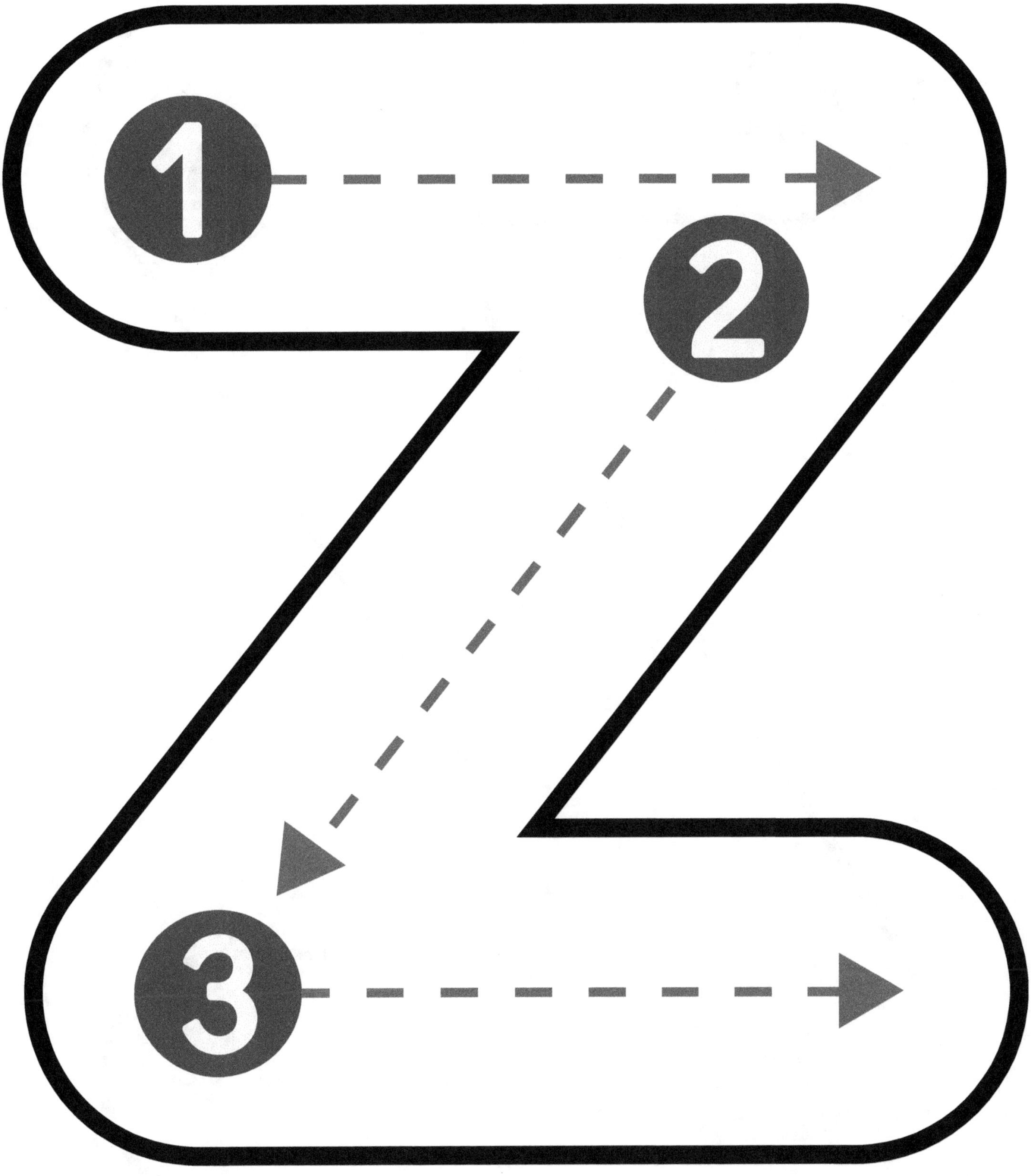
1
2
3

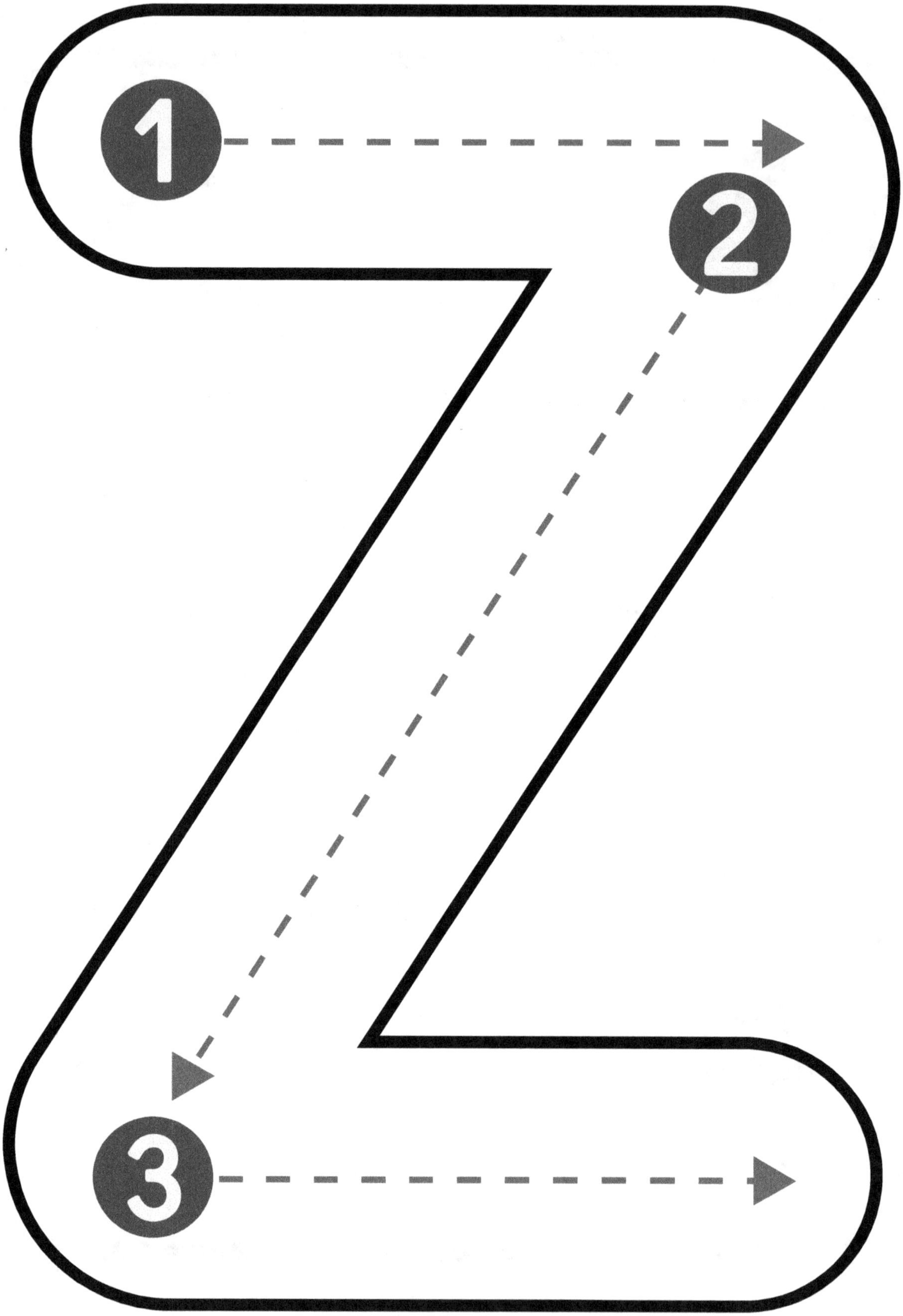
1
2
3

NUMBERS

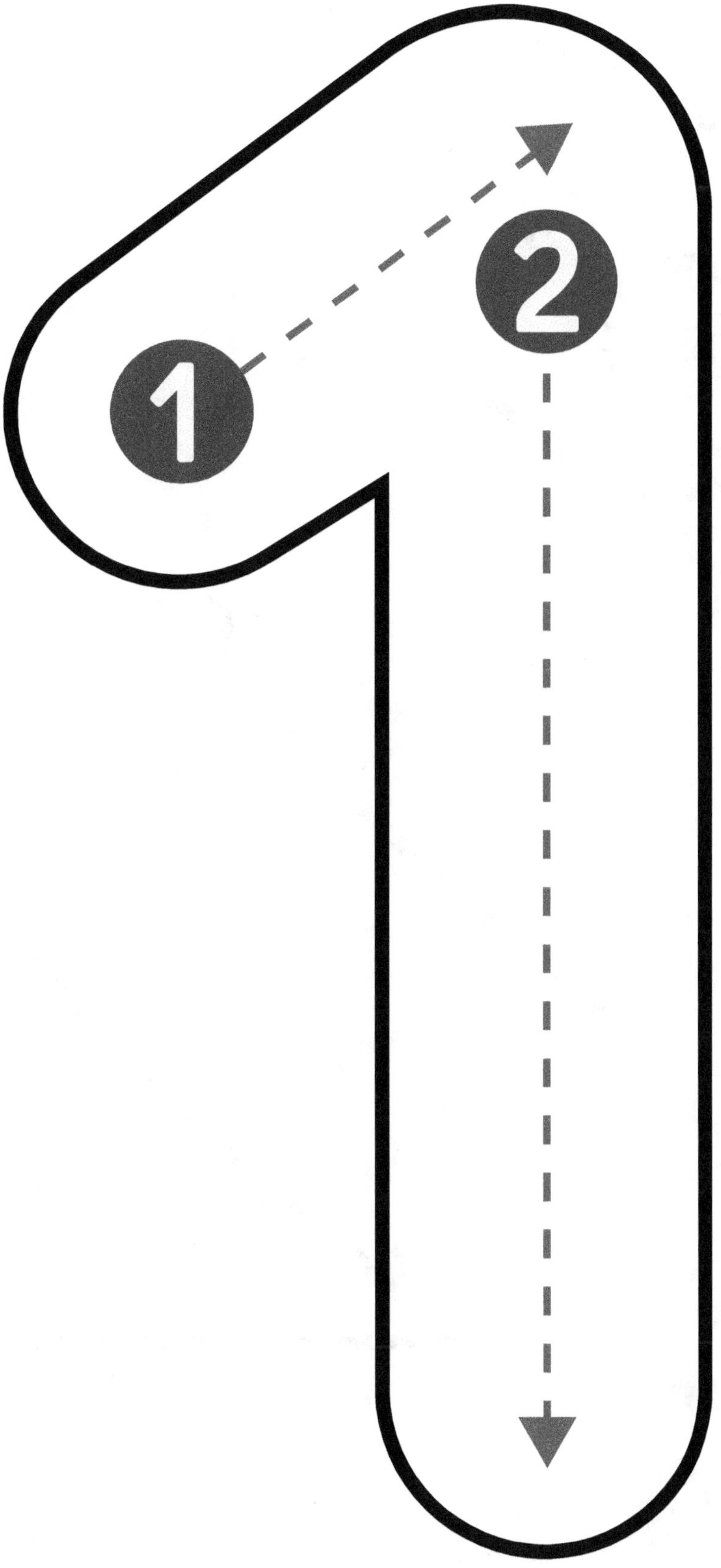
1
2

1
2

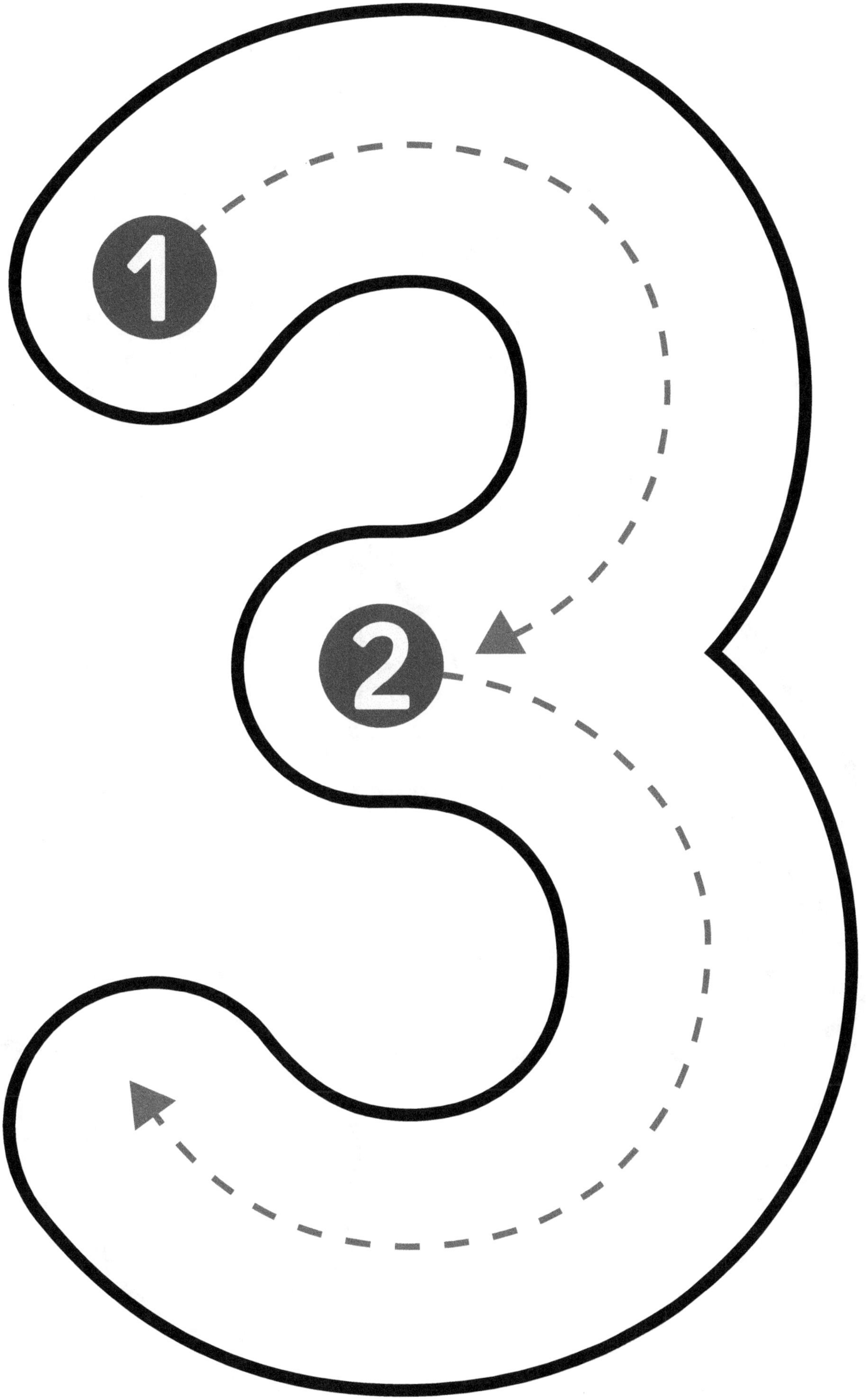
1
2

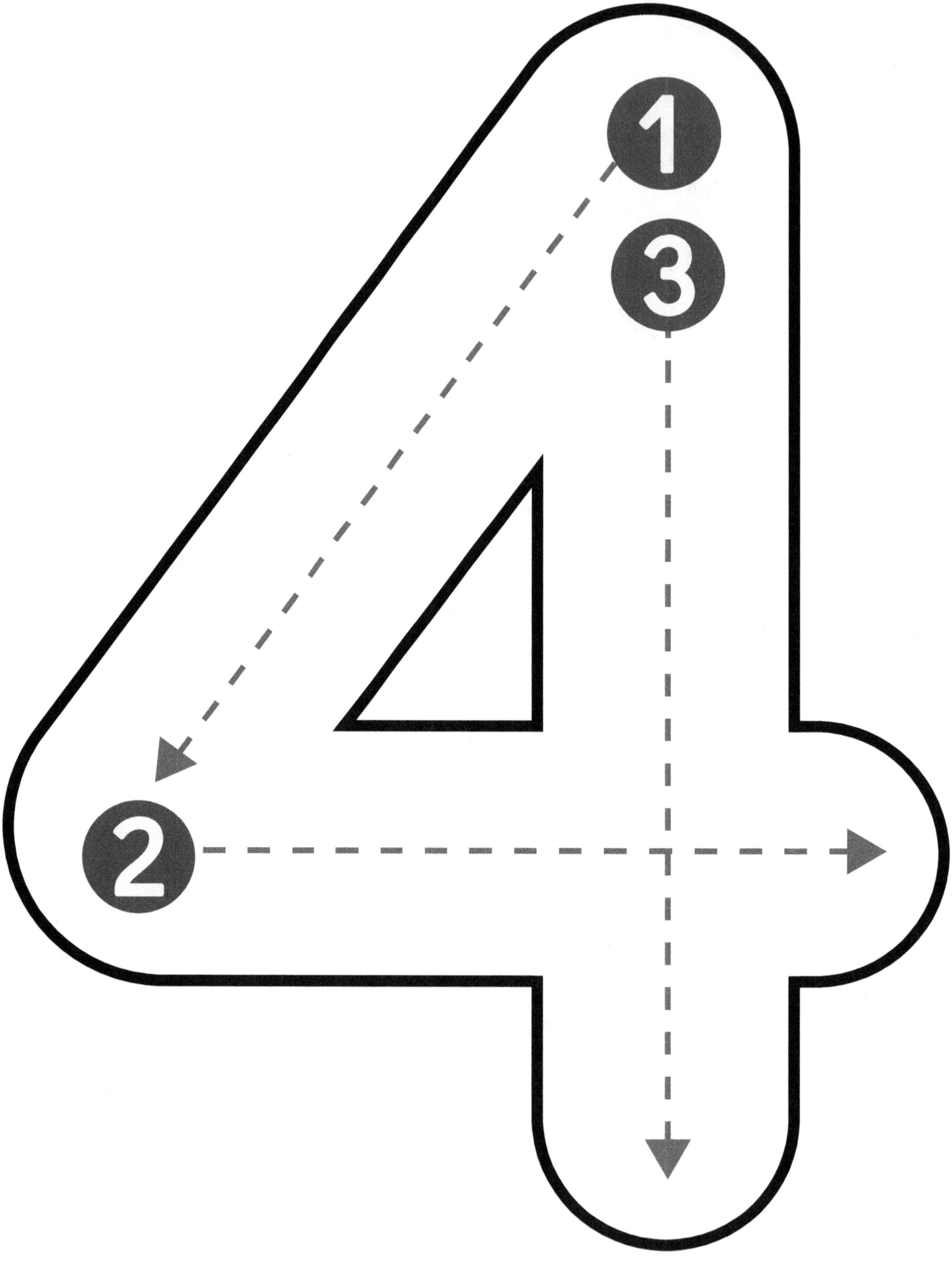
1
3
2

1
3
2

1

1
2

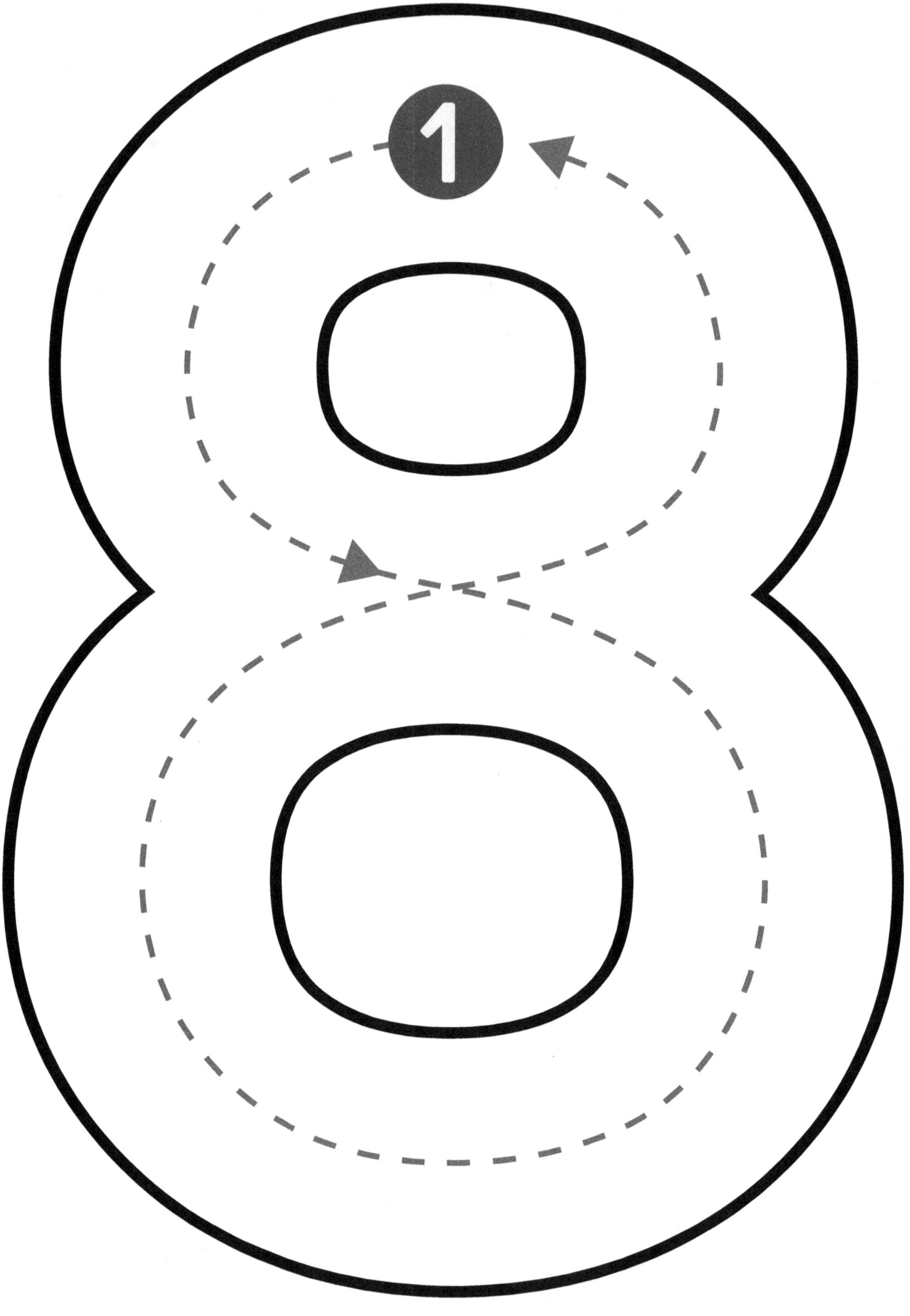
1

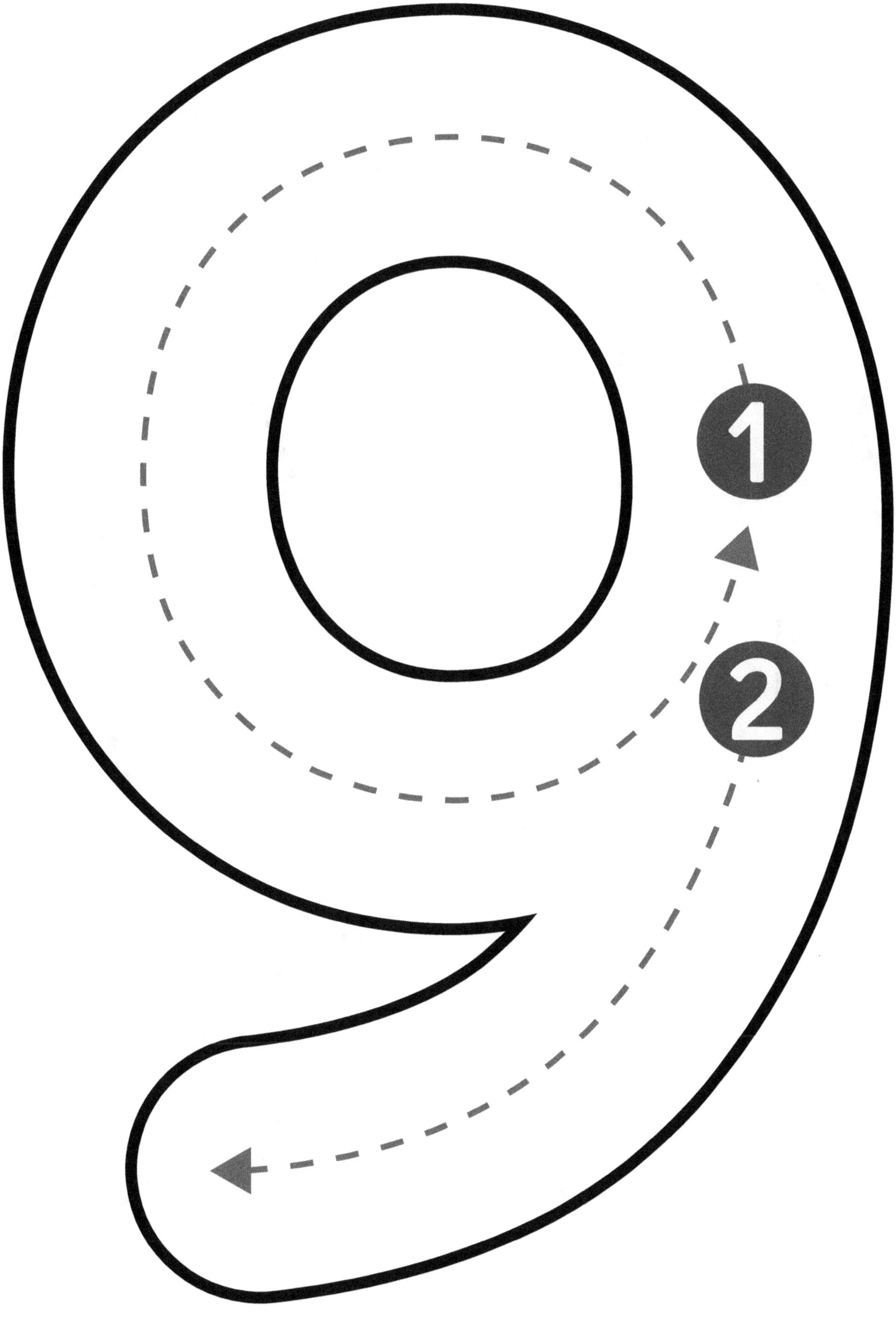
1
2

1
2
1

SHAPES

SQUARE

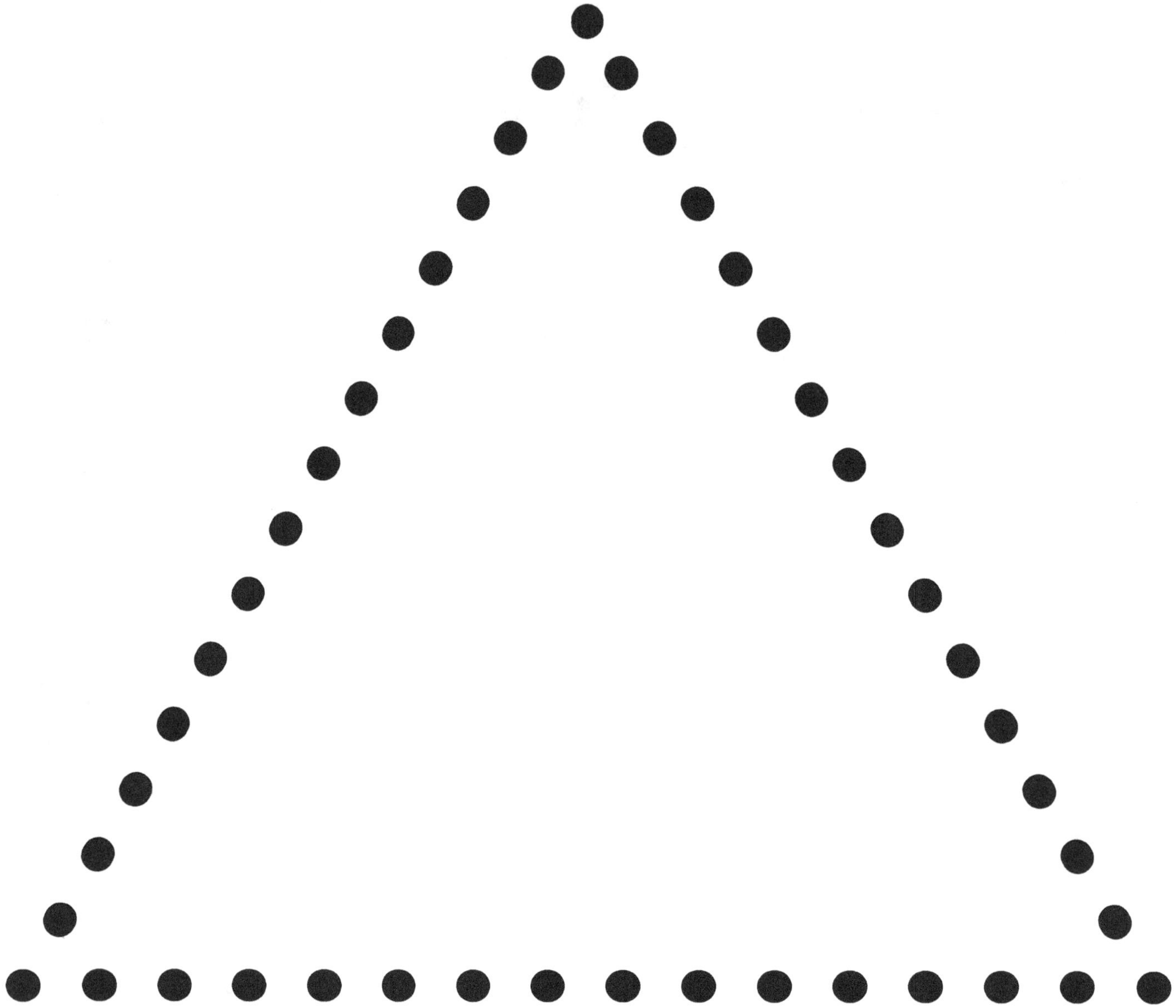

TRIANGLE

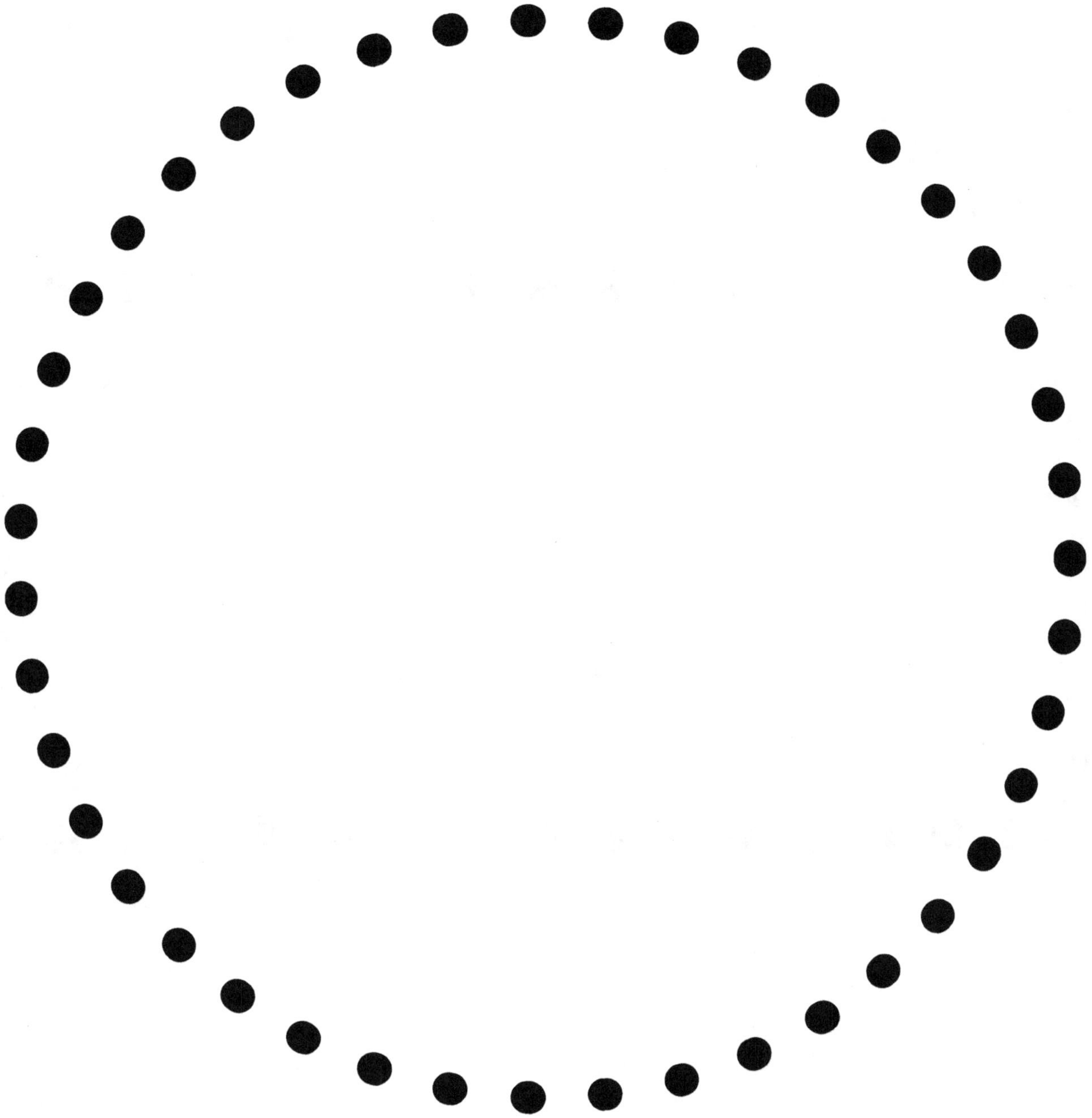

CIRCLE

RECTANGLE

STAR

OVAL

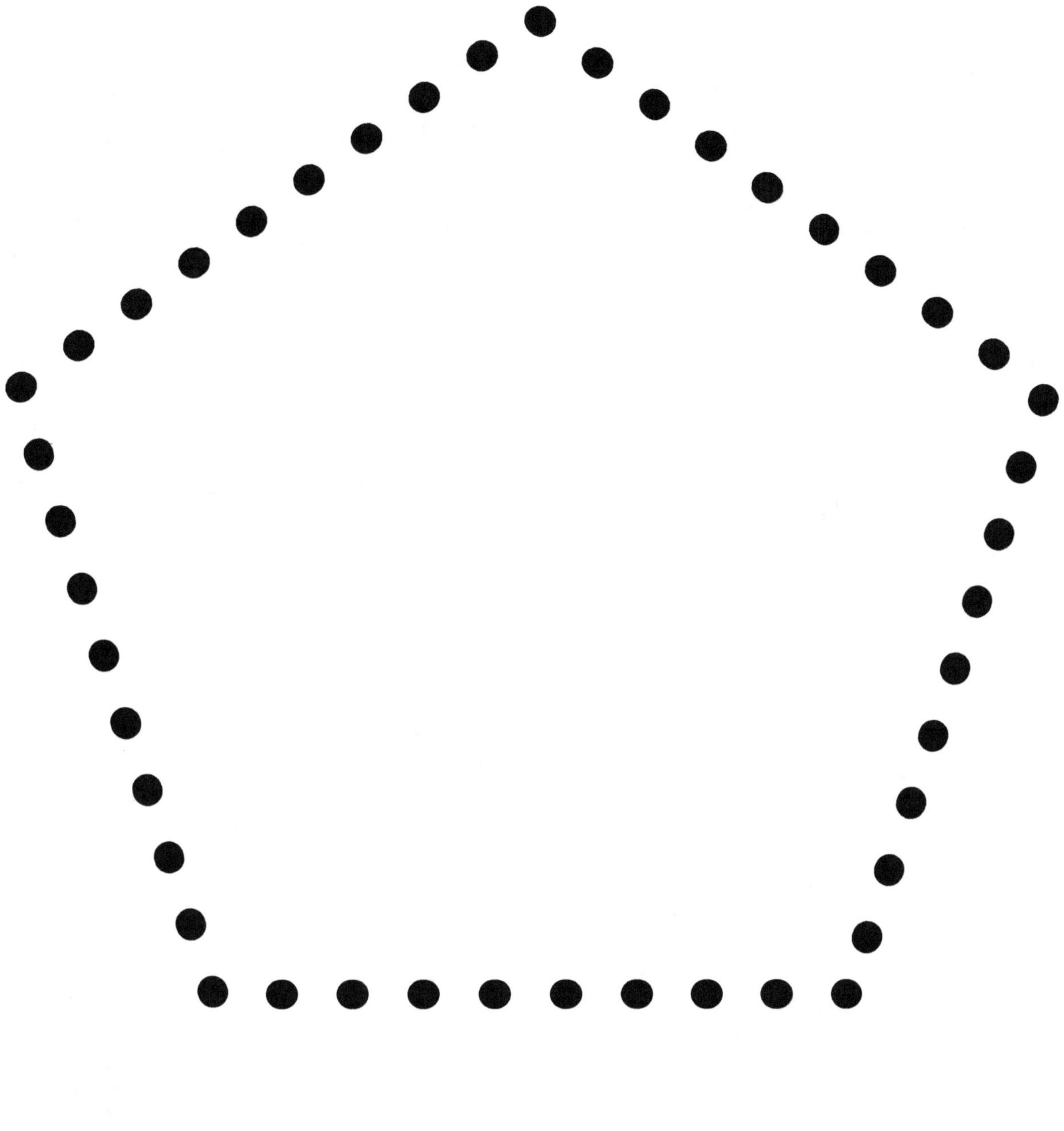

PENTAGON

PATTERNS

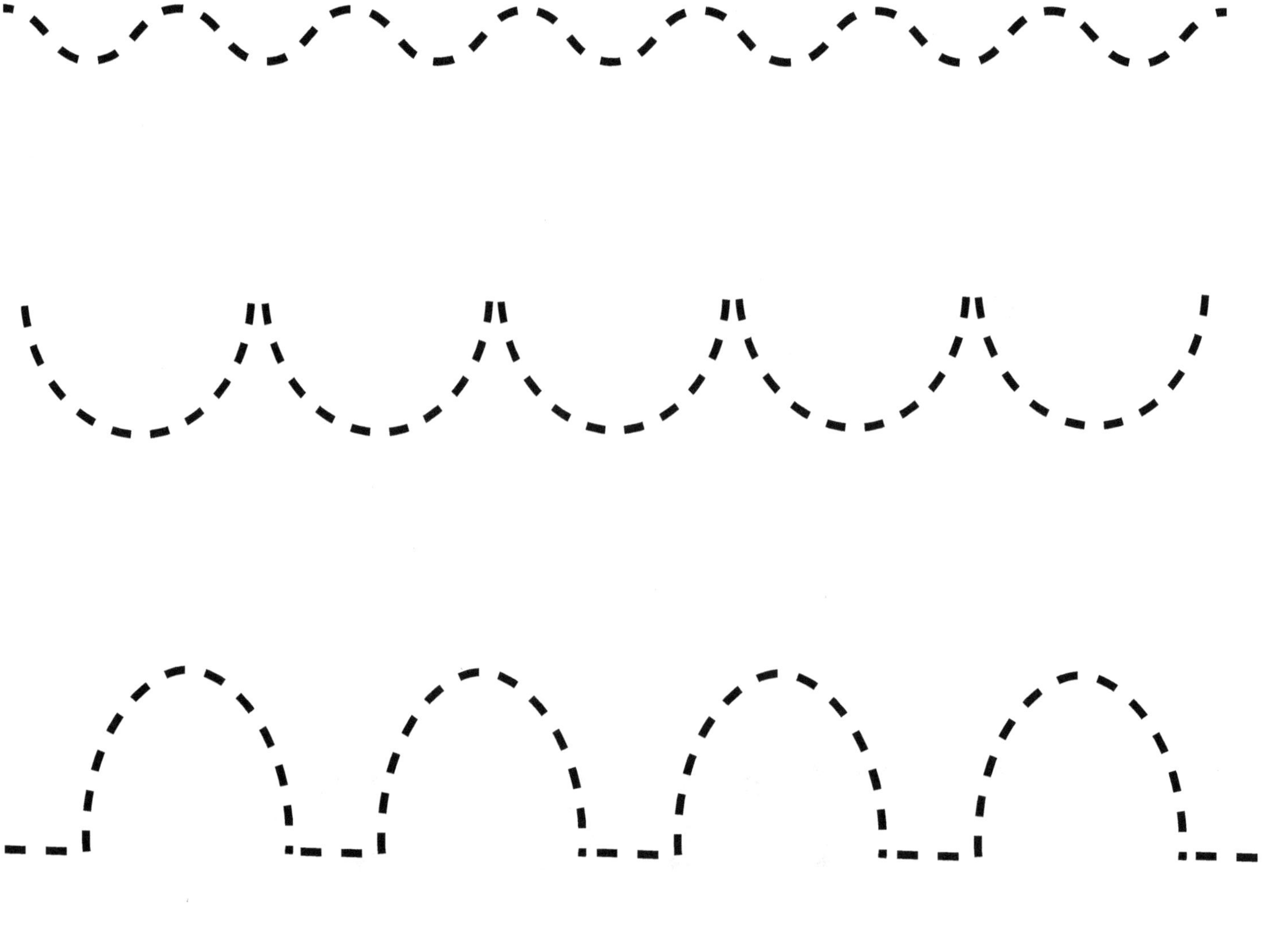

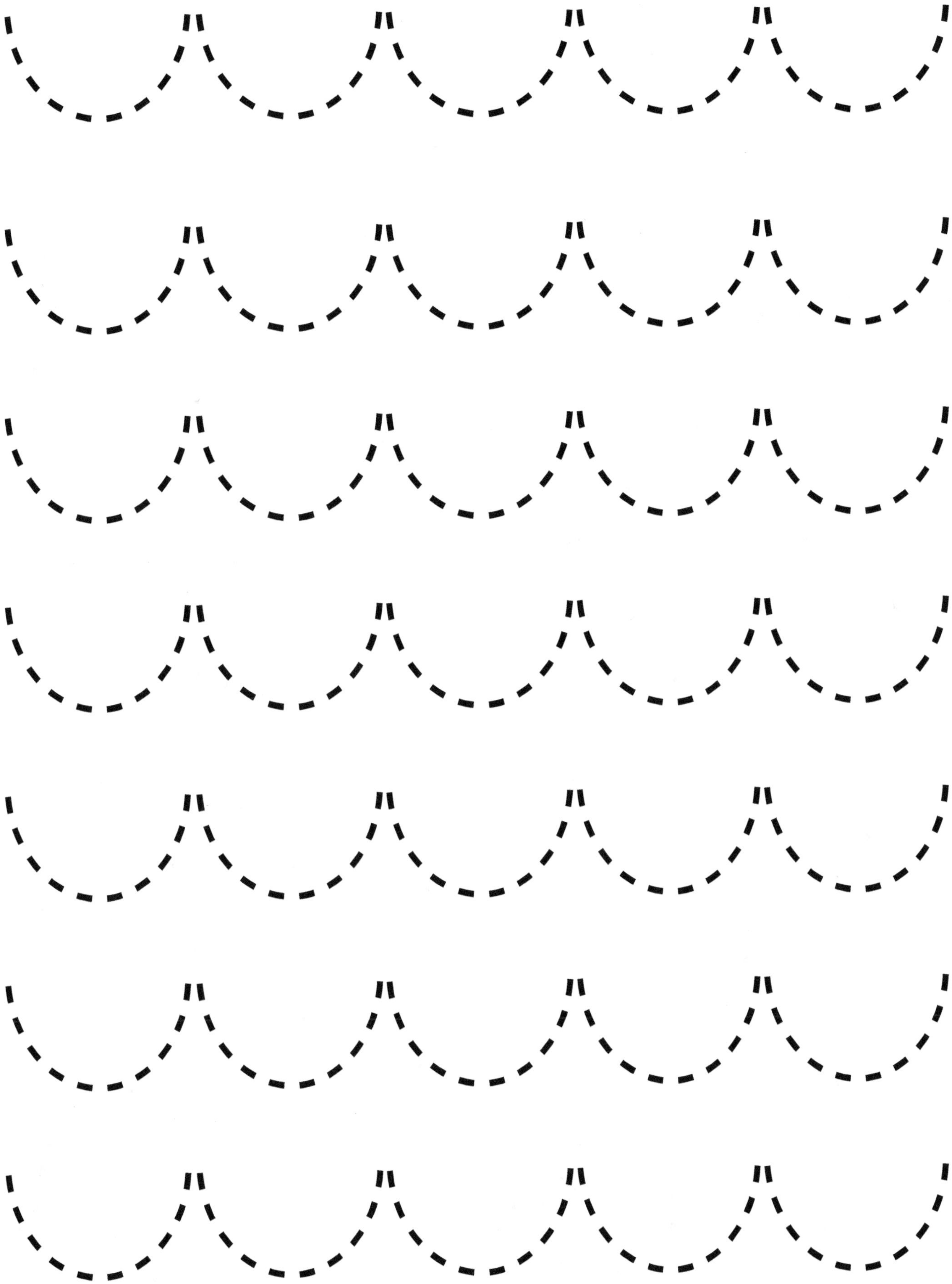

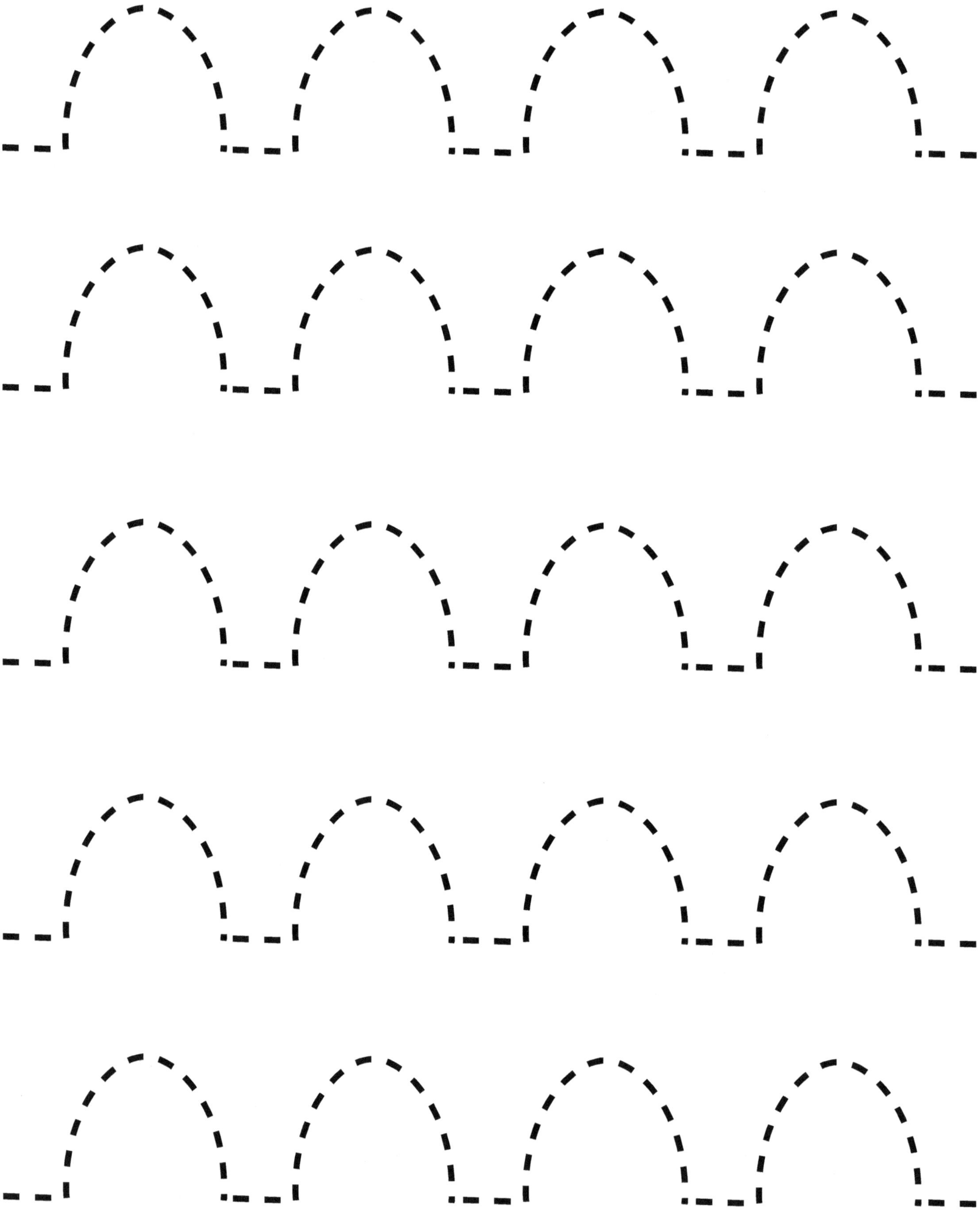

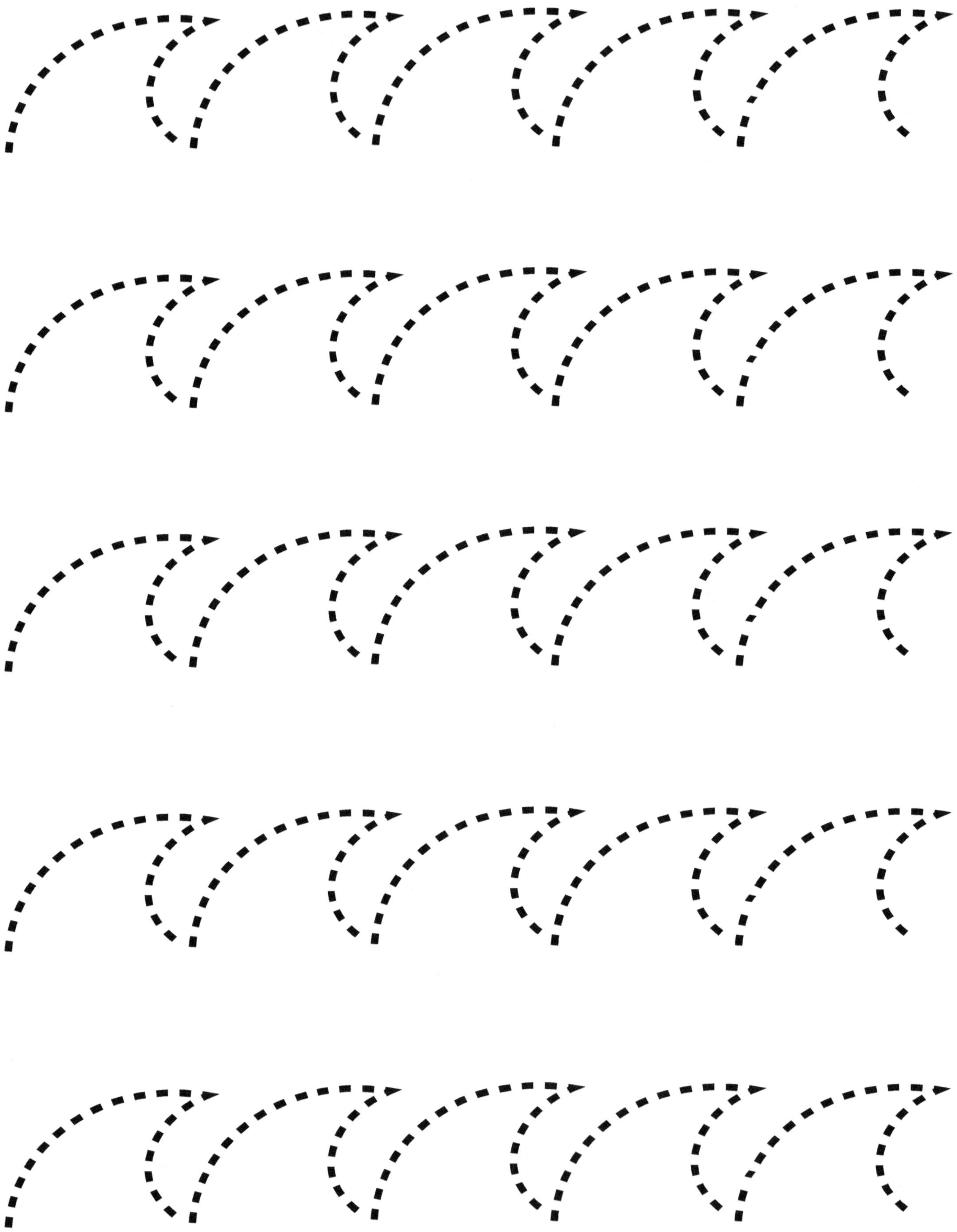

www.ingramcontent.com/pod-product-compliance
Lightning Source LLC
LaVergne TN
LVHW081530060526
838200LV00049B/2273
* 9 7 8 1 8 3 9 9 0 3 1 6 8 *